新时代

最高人民检察院指导性案例及典型案例（第一辑）

中国检察出版社

图书在版编目（CIP）数据

新时代最高人民检察院指导性案例及典型案例 . 第一辑 / 最高
人民检察院编 . —北京：中国检察出版社，2019.2

ISBN 978-7-5102-2257-3

Ⅰ. ①新… Ⅱ. ①最… Ⅲ. ①案例—中国—2018 Ⅳ. ①D920.5

中国版本图书馆 CIP 数据核字（2019）第 012315 号

新时代最高人民检察院指导性案例及典型案例（第一辑）

出版发行：	中国检察出版社
社　　址：	北京市石景山区香山南路 109 号（100144）
网　　址：	中国检察出版社（www.zgjccbs.com）
编辑电话：	（010）86423703
发行电话：	（010）86423726　86423727　86423728
	（010）86423730　68650016
经　　销：	新华书店
印　　刷：	北京中石油彩色印刷有限责任公司
开　　本：	787mm × 1092mm　20开
印　　张：	10.2
字　　数：	125千字
版　　次：	2019 年 2 月第一版　　2019 年 2 月第一次印刷
书　　号：	ISBN 978-7-5102-2257-3
定　　价：	40.00 元

一个案例胜过一打文件

一个案例胜过一打文件。案例是实践中发生的鲜活生动的法治教材，是最好的法治教科书。2018年10月26日，修订后的《中华人民共和国人民检察院组织法》第二十三条第二款规定："最高人民检察院可以发布指导性案例。"发布指导性案例成为最高人民检察院对下开展业务指导工作的法定职权之一。《中华人民共和国人民检察院组织法》对最高人民检察院发布指导性案例的明确规定，标志着具有中国特色的检察案例指导制度这一改革成果的立法确认。

最高人民检察院指导性案例，对于规范统一检察工作标准，总结推广检察工作经验，宣传普及法治具有重要意义。自2010年司法改革建立案例指导制度以来，最高人民检察院已经先后发布十三批指导性案例。这些指导性案例是全国各级检察机关每年办理的数量众多案例的典型代表，它们集中贯彻了检察工作思路，体现了检察工作理念，凝结了检察工作的智慧经验，可谓了解检察工作的一扇窗口。

最高人民检察院高度重视案例指导工作。2018年以来，按照新一届党组和张军检察长的亲自部署要求，最高人民检察院不断加大指导性案例发布频次，调整优化指导性案例体例，改进创新发布方式，指导性案例社会影响力日益提升。

与以往相比，2018年的四批最高人民检察院指导性案例创新主要体现在：**在案例选择上，更加注重凸显检察工作特色。**立足围绕中心、服务大局，体现以人民为中心的思想，积极回应人民群众的关切，不断满足人民群众对民主、法治、公平、正义的需求，更加重视案例的遴选。通过严格的程序，层层把关，优中选优，选择既能体现检察工作特色，又能够较好地发挥对类案指导意义和普法意义的典型案例，上升为最高人民检察院指导性案例予以发布。**在案例叙述上，更加注重围绕指导性案例讲好检察故事。**每一个办案过程都是精彩的法治故事。指导性案例，不仅要讲清楚案例中蕴含的法、理、情，更要注重生动客观的展现办案过程和办案理念。通过指导性案例，生动再现还原办案过程，揭示犯罪危害，让老百姓看得懂、喜欢看，让指导性案例成为生动的案例故事和普法教材。**在案例体例上，增加板块反映检察机关履职工作情况。**以往制发的指导性案例，主要是介绍案情、要旨、结果和指导意义，从第十批指导性案例开始，在刑事指导性案例的体例上，不仅包括案情、要旨和指导意义，更增加了"指控与证明犯罪"这一板块。通过这一板块再现了检察机关以事实为根据，以法律为准绳，组织、运用证据指控与证明犯罪的过程，还原了诉讼过程中控辩争议的焦点和法庭审理的冲突，更好地揭示了犯罪行为的本质特征。在第十三批公益诉讼指导性案件的体例上，设置了"诉前程序""诉讼过程""提出检察建议"等板块，准确反映公益诉讼检察工作情况。

为提升指导性案例的应用效应，让各级检察机关办案一线检察人员更加重视案例，精研案例，提升办案能力水平；让理论界更加重视检察案例和检察工作，使指导性案例成为搭建理论与实务良性互动的桥梁；让社会各界关注检察案例，更加全面地了解和支持最高人民检察院工作，我们将 2018 年最高人民检察院发布的第十批至第十三批指导性案例编辑整理后予以刊印。

同时，本书收录了最高人民检察院近期发布的检察公益诉讼典型案例和涉民营企业司法保护典型案例。一方面，最高人民检察院发布的典型案例，方便地方各级人民检察院在办理类似案件时作为"参照标准"。另一方面，这些典型案例也是持续开展检察官以案释法，强化法制宣传教育，在检察环节落实"谁司法谁普法"的具体举措。

最高人民检察院发布的指导性案例和典型案例，侧重点各有不同，但有一点是相同的，那就是通过检察机关的办案实践，把以人民为中心的发展思想和理性平和的司法理念融入办案过程，使司法活动既遵从法律规范，又符合经济规律；既立足平等保护，又考虑特殊情形；既有指导作用，又有警示意义；既守护公平正义，又促进社会诚信，让人民群众在每一个司法案件中感受到公平正义，最终实现"三个效果"的有机统一。

我们期待，新时代最高人民检察院指导性案例及典型案例能够获得社会各界更多认可和支持！

目录

维护金融安全篇

——最高人民检察院第十批指导性案例

金融是现代经济的核心和血脉。习近平总书记指出：金融安全是国家安全的重要组成部分，是经济平稳健康发展的重要基础。维护金融安全，是关系我国经济社会发展全局的一件带有战略性、根本性的大事，也是新时代以习近平同志为核心的党中央治国理政的一件大事。金融犯罪案件高发多发，不仅破坏我国正常的经济秩序，而且影响到我国金融安全和社会稳定，成为金融系统性风险的重要隐患，必须依法采取措施进行规制、打击、防范。

　　近年来，全国检察机关自觉以习近平新时代中国特色社会主义思想为指导，积极履行检察职能，服务党和国家中心工作，服务经济社会发展，在参与和服务保障三大攻坚战工作中，严厉打击各类破坏金融秩序的犯罪。

　　2018年7月3日，经最高人民检察院第十三届检察委员会第二次会议审议决定，最高人民检察院发布朱炜明操纵证券市场案等三件指导性案例作为第十批指导性案例。

朱炜明操纵证券市场案
——证券从业人员"抢帽子"交易构成操纵证券市场罪

（检例第 39 号）

检察办案理念

证券犯罪严重破坏资本市场"公开、公平、公正"原则，严重扰乱金融管理秩序，通过发布朱炜明操纵证券市场案，体现了检察机关对以不正当手段在证券市场兴风作浪的犯罪行为依法严惩不贷的鲜明态度。

检察职能体现

在办理朱炜明操纵证券市场案时，针对审查起诉中朱炜明的辩解，检察官通过认真审查证据、依法退回补充侦查，查明了案件的关键事实，补强了相关证据。在检察官出示的证据面前，朱炜明对实施"抢帽子"交易操纵证券市场牟利的事实供认不讳。此案例完整地呈现了检察机关针对证券犯罪隐蔽性强的特点，引导公安机关全面收集相关证据，构建严密证据锁链，从而有力证明犯罪的过程。

⭐ 要旨

证券公司、证券咨询机构、专业中介机构及其工作人员违背从业禁止规定，买卖或者持有证券，并在对相关证券作出公开评价、预测或者投资建议后，通过预期的市场波动反向操作，谋取利益，情节严重的，以操纵证券市场罪追究其刑事责任。

📚 基本案情

被告人朱炜明，男，1982年7月出生，原系国开证券有限责任公司上海龙华西路证券营业部（以下简称国开证券营业部）证券经纪人，上海电视台第一财经频道《谈股论金》节目（以下简称《谈股论金》节目）特邀嘉宾。

2013年2月1日至2014年8月26日，被告人朱炜明在任国开证券营业部证券经纪人期间，先后多次在其担任特邀嘉宾的《谈股论金》电视节目播出前，使用实际控制的三个证券账户买入多支股票，于当日或次日在《谈股论金》节目播出中，以特邀嘉宾身份对其先期买入的股票进行公开评价、预测及推介，并于节目首播后一至二个交易日内抛售相关股票，人为地影响前述股票的交易量和交易价格，获取利益。经查，其买入股票交易金额共计人民币 2094.22 万余元，卖出股票交易金额共计人民币 2169.70 万余元，非法获利 75.48 万余元。

检察机关指控与证明犯罪

2016 年 11 月 29 日，上海市公安局以朱炜明涉嫌操纵证券市场罪移送上海市人民检察院第一分院审查起诉。

审查起诉阶段，朱炜明辩称：1. 涉案账户系其父亲朱某实际控制，其本人并未建议和参与相关涉案股票的买卖；2. 节目播出时，已隐去股票名称和代码，仅展示 K 线图、描述股票特征及信息，不属于公开评价、预测、推介个股；3. 涉案账户资金系家庭共同财产，其本人并未从中受益。

检察机关审查认为，现有证据足以认定犯罪嫌疑人在媒体上公开进行了股票推介行为，并且涉案账户在公开推介前后进行了涉案股票反向操作。但是，犯罪嫌疑人与涉案账户的实际控制关系，公开推介是否构成"抢帽子"交易操纵中的"公开荐股"以及行为能否认定为"操纵证券市场"等问题，有待进一步查证。针对需要进一步查证的问题，上海市人民检察院第一分院分别于 2017 年 1 月 13 日、3 月 24 日二次将案件退回上海市公安局补充侦查，要求公安机关补充查证犯罪嫌疑人的淘宝、网银等 IP 地址、MAC 地址（硬件设备地址，用来定义网络设备的位置），并与涉案账户证券交易 IP 地址做筛选比对；将涉案账户资金出入与犯罪嫌疑人个人账户资金往来做关联比对；进一步对其父朱某在关键细节上做针对性询问，以核实朱炜明的辩解；由证券监管部门对本案犯罪嫌疑人的行为是否构成"公开荐股""操纵证券市场"提出认定意见。

经补充侦查，上海市公安局进一步收集了朱炜明父亲朱某等证人证言、中国证监会对朱炜明操纵证券市场行为性质的认定函、司法会计鉴定意见书等证据。中国证监会出具的认定函认定：2013 年 2 月 1 日至 2014 年 8 月 26 日，朱炜明在《谈股论金》节目中通过明示股票名称或描述股票特征的方法，对 15 支股票进行公开评价和预测。朱炜明通过其控制的三个证券账户在节目播出前一至二个交易日或当天买入推荐的股票，交易金额 2094.22 万余元，并于节目播出后一至二个交易日内卖出上述股票，交易金额 2169.70 万余元，获利 75.48 万余元。朱炜明所荐股票次日交易价量明显上涨，偏离行业板块和大盘走势。其行为构成操纵证券市场，扰乱了证券市场秩序，并造成了严重社会影响。

结合补充收集的证据，上海市人民检察院第一分院办案人员再次提讯朱炜明，并听取其辩护律师意见。朱炜明在展示的证据面前，承认其在节目中公开荐股，称其明知所推荐股票价格在节目播出后会有所上升，故在公开荐股前建议其父朱某买入涉案 15 支股票，并在节目播出后随即卖出，以谋取利益。

但对于指控其实际控制涉案账户买卖股票的事实予以否认。

针对其辩解，办案人员将相关证据向朱炜明及其辩护人出示，并一一阐明证据与朱炜明行为之间的证明关系。1.账户登录、交易 IP 地址大量位于朱炜明所在的办公地点，与朱炜明出行等电脑数据轨迹一致。例如，2014 年 7 月 17 日、18 日，涉案的朱某证券账户登录、交易 IP 地址在重庆，与朱炜明的出行记录一致。2.涉案三个账户之间与朱炜明个人账户资金往来频繁，初始资金有部分来自于朱炜明账户，转出资金中有部分转入朱炜明银行账户后由其消费，证明涉案账户资金由朱炜明控制。经过上述证据展示，朱炜明对自己实施"抢帽子"交易操纵他人证券账户买卖股票牟利的事实供认不讳。

2017 年 5 月 18 日，上海市人民检察院第一分院以被告人朱炜明犯操纵证券市场罪向上海市第一中级人民法院提起公诉。7 月 20 日，上海市第一中级人民法院公开开庭审理了本案。

法庭调查阶段，公诉人宣读起诉书指控被告人朱炜明违反从业禁止规定，以"抢帽子"交易的手段操纵证券市场谋取利益，其行为构成操纵证券市场罪。对以上指控的犯罪事实，公诉人出示了四组证据予以证明：

一是关于被告人朱炜明主体身份情况的证据。包括：1.国开证券公司与朱炜明签订的劳动合同、委托代理合同等工作关系书证；2.《谈股论金》节目编辑陈某等证人证言；3.户籍资料、从业资格证书等书证；4.被告人朱炜明的供述。证明：朱炜明于 2013 年 2 月至 2014 年 8 月担任国开证券营业部证券经纪人期间，先后多次受邀担任《谈股论金》节目特邀嘉宾。

二是关于涉案账户登录异常的证据。包括：1.证人朱某等证人的证言；2.朱炜明出入境及国内出行记录等书证；3.司法会计鉴定意见书、搜查笔录等；4.被告人朱炜明的供述。证明：2013年2月至2014年8月，"朱某""孙某""张某"三个涉案证券账户的实际控制人为朱炜明。

三是关于涉案账户交易异常的证据。包括：1.证人陈某等证人的证言；2.证监会行政处罚决定书及相关认定意见、调查报告等书证；3.司法会计鉴定意见书；4.节目视频拷贝光盘、QQ群聊天记录等视听资料、电子数据；5.被告人朱炜明的供述。证明：朱炜明在节目中推荐的15支股票，均被其在节目播出前一至二个交易日或播出当天买入，并于节目播出后一至二个交易日内卖出。

四是关于涉案证券账户资金来源及获利的证据。包括：1.证人朱某的证言；2.证监会查询通知书等书证；3.司法会计鉴定意见书等；4.被告人朱炜明的供述。证明：朱炜明在公开推荐股票后，股票交易量、交易价格涨幅明显。"朱某""孙某""张某"三个证券账户交易初始资金大部分来自朱炜明，且与朱炜明个人账户资金往来频繁。上述账户在涉案期间累计交易金额人民币 4263.92 万余元，获利人民币 75.48 万余元。

法庭辩论阶段，公诉人发表公诉意见：

第一，关于本案定性。证券公司、证券咨询机构、专业中介机构及其工作人员，买卖或者持有相关证券，并对该证券或其发行人、上市公司公开作出评价、预测或者投资建议，以便通过期待的市场波动取得经济利益的行为是"抢帽子"交易操纵行为。根据刑法第一百八十二条第一款第（四）项的规定，属于"以其他方法操纵"证券市场，情节严重的，构成操纵证券市场罪。

第二，关于控制他人账户的认定。综合本案证据，可以认定朱炜明通过实际控制的"朱某""孙某""张某"三个证券账户在公开荐股前买入涉案 15 支股票，荐股后随即卖出谋取利益，涉案股票价量均因荐股有实际影响，朱炜明实际获利 75 万余元。

第三，关于公开荐股的认定。结合证据，朱炜明在电视节目中，或明示股票名称，或介绍股票标识性信息、展示 K 线图等，投资者可以依据上述信息确定涉案股票名称，系在电视节目中对涉案股票公开作出评价、预测、推介，可以认定构成公开荐股。

第四，关于本案量刑建议。根据刑法第一百八十二条的规定，被告人朱炜明的行为构成操纵证券市场罪，依法应在五年

以下有期徒刑至拘役之间量刑，并处违法所得一倍以上五倍以下罚金。建议对被告人朱炜明酌情判处三年以下有期徒刑，并处违法所得一倍以上的罚金。

被告人朱炜明及其辩护人对公诉意见没有异议，被告人当庭表示愿意退缴违法所得。辩护人提出，考虑被告人认罪态度好，建议从轻处罚。

法庭经审理，认定公诉人提交的证据能够相互印证，予以确认。综合考虑全案犯罪事实、情节，对朱炜明处以相应刑罚。2017 年 7 月 28 日，上海市第一中级人民法院作出一审判决，以操纵证券市场罪判处被告人朱炜明有期徒刑十一个月，并处罚金人民币 76 万元，其违法所得予以没收。一审宣判后，被告人未上诉，判决已生效。

⚛ 指导意义

证券公司、证券咨询机构、专业中介机构及其工作人员，违反规定买卖或者持有相关证券后，对该证券或者其发行人、上市公司作出公开评价、预测或者提出投资建议，通过期待的市场波动谋取利益的，构成"抢帽子"交易操纵行为。发布投资咨询意见的机构或者证券从业人员往往具有一定的社会知名度，他们借助影响力较大的传播平台发布诱导性信息，容易对普通投资者交易决策产生影响。其在发布信息后，又利用证券价格波动实施与投资者反向交易的行为获利，破坏了证券市场管理秩序，违反了证券市场公开、公平、公正原则，具有较大的社会危害性，**情节严重的，构成操纵证券市场罪。**

证券犯罪具有专业性、隐蔽性、间接性等特征，检察机关办理该类案件时，应当根据证券犯罪案件特点，**引导公安机关从证券交易记录、资金流向等问题切入，全面收集涉及犯罪的书证、电子数据、证人证言等证据，并结合案件特点开展证据审查。** 对书证，要重点审查涉及证券交易记录的凭据，有关交易数量、交易额、成交价格、资金走向等证据。对电子数据，要重点审查收集程序是否合法，是否采取必要的保全措施，是否经过篡改，是否感染病毒等。对证人证言，要重点审查证人与犯罪嫌疑人的关系，证言能否与客观证据相印证等。

办案中，犯罪嫌疑人或被告人及其辩护人经常会提出涉案账户实际控制人及操作人非其本人的辩解。对此，检察机关可以通过行为人资金往来记录，MAC 地址（硬件设备地址）、IP 地址与互联网访问轨迹的重合度与连贯性，身份关系和资金关系的紧密度，涉案股票买卖与公开荐股在时间及资金比例上的高度关联性，相关证人证言在细节上是否吻合等入手，构建严密证据体系，确定被告人与涉案账户的实际控制关系。

非法证券活动涉嫌犯罪的案件，来源往往是证券监管部门向公安机关移送。审查案件过程中，**人民检察院可以与证券监管部门加强联系和沟通。** 证券监管部门在行政执法和查办案件中收集的物证、书证、视听资料、电子数据等证据材料，在刑事诉讼中可以作为证据使用。检察机关通过办理证券犯罪案件，可以建议证券监管部门针对案件反映出的问题，加强资本市场监管和相关制度建设。

相关规定

《中华人民共和国刑法》第一百八十二条

《最高人民检察院、公安部关于公安机关管辖的刑事案件立案追诉标准的规定（二）》第三十九条

延伸阅读

问："什么是"抢帽子"交易？

答："抢帽子"交易这个名称起源于早期证券交易所内交易员喊价的动作，引申含义是指证券机构及其从业人员公开评价推荐自己买卖或持有的证券，通过期待的市场波动取得经济利益的行为。

问："抢帽子"交易为什么构成犯罪？

答："抢帽子"交易之所以能够获利，构成犯罪，关键因素有三个方面：

一是"人"。实施"抢帽子"交易的人，往往对股市的预测能够让很多人产生信任，当行为人是证券从业人员时，这种信任度就更高，例如本案中朱炜明就是所谓股市名嘴，是证券公司经纪人，同时受聘担任《谈股论金》电视节目嘉宾，每周

五晚上节目评论股票，其节目拥有大批观众，足以形成影响股市交易价量的资金流。

二是"反向交易"。实施"抢帽子"的人，总是事先打好了埋伏，对其推荐的股票，自己抢先买入，一旦股价上涨，在他人买入的当天，他就已先期卖出，抢了时间差，赚了利润，把跟风买进的散户"套牢"。例如本案中，朱炜明就是违背证券经纪人不得买卖股票的从业禁止规定，用父母、祖母户名的股票账户每周四提前买入大量股票，周五上电视节目进行公开推介，引诱收看节目的投资者在下周一的交易日内跟风购买，推动股价上涨，自己却反向抛售牟利，获取非法利益数额巨大，且造成严重的危害。几名朱炜明曾经的"粉丝"在跟从朱炜明建议买卖股票后，纷纷遭遇股价下跌而损失惨重的情况。

三是"情节严重"。按照我国法律规定，"抢帽子"交易，必须情节严重才能构成犯罪，本案中，朱炜明获利 75 万余元，操纵多支股票，明显影响被操纵股票交易价量，属于情节严重的情形。

🎙 检察官建言

证券违法犯罪的新手法、新类型层出不穷，对金融监管也提出了新的挑战。金融监管要跟上金融发展的步伐，补齐监管短板，实现穿透式监管、全面性监管。

对证券从业人员的职业道德教育和违法行为监管要加强。

朱炜明身为证券公司人员，诱骗投资者跟风投资，自己预先打好埋伏，攫取巨额利润，体现证券犯罪的市场主体多样化、发案环节增多。检察机关在实践中也发现，一些金融机构及其工作人员缺乏职业道德，利用内幕信息或违反从业禁止规定参与证券犯罪，扰乱证券市场秩序。金融机构对从业人员执业规范的关注和监督有待加强，对证券从业人员的职业教育刻不容缓。

同时，证券资本市场投资者的风险意识也要加强。投资者要有自我保护意识，不能盲目听信小道消息，对股市要多一些理性判断，不能被人当做了"韭菜"，多一份风险意识，看紧自己的钱袋子。

周辉集资诈骗案

——以 P2P 金融创新名义集资诈骗

（检例第 40 号）

检察办案理念

涉众型金融犯罪，涉案金额大，参与人员广，犯罪分子往往大肆开展虚假宣传，极易蒙蔽群众，造成众多参与者巨额财产损失，是当前风险性和危害性极大的金融犯罪。通过发布周辉集资诈骗案，彰显了检察机关加大对涉众型金融犯罪打击力度的坚定决心。

检察职能体现

周辉集资诈骗案，体现了检察官针对辩护人提出的被告人周辉系利用互联网从事 P2P 借贷融资，主观上不具有非法占有集资款目的的辩护意见，组织、运用证据进行答辩，有力地证明了被告人具有非法占有目的，其行为与 P2P 网络借贷有本质区别，已构成集资诈骗罪的过程。

要旨

网络借贷信息中介机构或其控制人，利用网络借贷平台发布虚假信息，非法建立资金池募集资金，所得资金大部分未用于生产经营活动，主要用于借新还旧和个人挥霍，无法归还所募资金数额巨大，应认定为具有非法占有目的，以集资诈骗罪追究刑事责任。

基本案情

被告人周辉，男，1982年2月出生，原系浙江省衢州市中宝投资有限公司（以下简称中宝投资公司）法定代表人。

2011年2月，被告人周辉注册成立中宝投资公司，担任法定代表人。公司上线运营"中宝投资"网络平台，借款人（发标人）在网络平台注册、缴纳会费后，可发布各种招标信息，吸引投资人投资。投资人在网络平台注册成为会员后可参与投标，通过银行汇款、支付宝、财付通等方式将投资款汇至周辉公布在网站上的8个其个人账户或第三方支付平台账户。借款人可直接从周辉处取得所融资金。项目完成后，借款人返还资金，周辉将收益给予投标人。

运行前期，周辉通过网络平台为13个借款人提供总金额约170万余元的融资服务，因部分借款人未能还清借款造成公司亏损。此后，周辉除用本人真实身份信息在公司网络平台注册2个会员外，自2011年5月至2013年12月陆续虚构34个借款人，并利用上述虚假身份自行发布大量虚假抵押标、宝石标等，以支付投资人约20%的年化收益率及额外奖励等为诱饵，向社会不特定公众募集资金。所募资金未进入公司账户，全部由周辉个人掌控和支配。除部分用于归还投资人到期的本金及收益外，其余主要用于购买房产、高档车辆、首饰等。这些资产绝大部分登记在周辉名下或供周辉个人使用。2011年5月至案发，周辉通过中宝投资网络平台累计向全国1586名不特定对象非法集资共计10.3亿余元，除支付本金及收益回报6.91亿余元外，尚有3.56亿余元无法归还。案发后，公安机关从周辉控制的银行账户内扣押现金1.80亿余元。

🔍 检察机关指控与证明犯罪

2014年7月15日，浙江省衢州市公安局以周辉涉嫌集资诈骗罪移送衢州市人民检察院审查起诉。

审查起诉阶段，衢州市人民检察院审查了全案卷宗，讯问了犯罪嫌疑人。针对该案犯罪行为涉及面广，众多集资参与人财产遭受损失的情况，检察机关充分听取了辩护人和部分集资参与人意见，进一步核实了非法集资金额，对扣押的房产等作出司法鉴定或价格评估。针对辩护人提出的非法证据排除申请，检察机关审查后发现，涉案证据存在以下瑕疵：公安机关向部分证人取证时存在取证地点不符合刑事诉讼法规定以及个别辨认笔录缺乏见证人等情况。为此，检察机关要求公安机关予以补正或作出合理解释。公安机关作出情况说明：证人从外地赶来，经证人本人同意，取证在宾馆进行。关于此项情况说明，检察机关审查后予以采信。对于缺乏见证人的个别辨认笔录，检察机关审查后予以排除。

2015年1月19日，浙江省衢州市人民检察院以周辉犯集资诈骗罪向浙江省衢州市中级人民法院提起公诉。6月25日，衢州市中级人民法院公开开庭审理本案。

法庭调查阶段，公诉人宣读起诉书指控被告人周辉以高息为诱饵，虚构借款人和借款用途，利用网络P2P形式，面向社会公众吸收资金，主要用于个人肆意挥霍，其行为构成集资诈骗罪。对于指控的犯罪事实，公诉人出示了四组证据予以证明：一是被告人周辉的立案情况及基本信息；二是中宝投资公司的发标、招投标情况及相关证人证言；三是集资情况的证据，包括银行交易清单，司法会计鉴定意见书等；四是集资款的去向，包括购买车辆、房产等物证及相关证人证言。

法庭辩论阶段，公诉人发表公诉意见：被告人周辉注册网络借贷信息平台，早期从事少量融资信息服务。在公司亏损、经营难以为继的情况下，虚构借款人和借款标的，以欺诈方式面向不特定投资人吸收资金，自建资金池。在公安机关立案查处时，虽暂可通过"拆东墙补西墙"的方式偿还部分旧债维持周转，但根据其所募资金主要用于还本付息和个人肆意挥霍，未投入生产经营，不可能产生利润回报的事实，可以判断其后续资金缺口势必不断扩大，无法归还所募全部资金，故可以认定其具有非法占有的目的，应以集资诈骗罪对其定罪处罚。

辩护人提出：

一是周辉行为系单位行为；二是周辉一直在偿还集资款，主观上不具有非法占有集资款的故意；三是周辉利用互联网从事P2P借贷融资，不构成集资诈骗罪，构成非法吸收公众存款罪。

公诉人针对辩护意见进行答辩：

第一，中宝投资公司是由被告人周辉控制的一人公司，不具有经营实体，不具备单位意志，集资款未纳入公司财务进行核算，而是由周辉一人掌控和支配，因此周辉的行为不构成单位犯罪。

第二，周辉本人主观上认识到资金不足，少量投资赚取的收益不足以支付许诺的高额回报，没有将集资款用于生产经营活动，而是主要用于个人肆意挥霍，其主观上对集资款具有非法占有的目的。

第三，P2P网络借贷，是指个人利用中介机构的网络平台，将自己的资金出借给资金短缺者的商业模式。根据中国银行业监管委员会、工业和信息化部、公安部、国家互联网信息办公室制定的《网络借贷信息中介机构业务活动管理暂行办法》等监管规定，P2P作为新兴金融业态，必须明确其信息中介性质，平台本身不得提供担保，不得归集资金搞资金池，不得非法吸收公众资金。周辉吸收资金建资金池，不属于合法的P2P网络借贷。非法吸收公众存款罪与集资诈骗罪的区别，关键在于行为人对吸收的资金是否具有非法占有的目的。利用网络平台发布虚假高利借款标募集资金，采取借新还旧的手段，短期内募集大量资金，不用于生产经营活动，或者用于生产经营活动与筹集资金规模明显不成比例，致使集资款不能返还的，是典型的利用网络中介平台实施集资诈骗行为。本案中，周辉采用编造虚假借款人、虚假投标项目等欺骗手段集资，所融资金未投入生产经营，大量集资款被其个人肆意挥霍，具有明显的非法占有目的，其行为构成集资诈骗罪。

法庭经审理，认为公诉人出示的证据能够相互印证，予以确认。对周辉及其辩护人提出的不构成集资诈骗罪及本案属于单位犯罪的辩解、辩护意见，不予采纳。综合考虑犯罪事实和量刑情节，2015年8月14日，浙江省衢州市中级人民法院作出一审判决，以集资诈骗罪判处被告人周辉有期徒刑十五年，并处罚金人民币50万元。继续追缴违法所得，返还各集资参与人。

一审宣判后，浙江省衢州市人民检察院认为，被告人周辉非法集资 10.3 亿余元，属于刑法规定的集资诈骗数额特别巨大并且给人民利益造成特别重大损失的情形，依法应处无期徒刑或者死刑，并处没收财产，一审判决量刑过轻。2015 年 8 月 24 日，向浙江省高级人民法院提出抗诉。被告人周辉不服一审判决，提出上诉。其上诉理由是量刑畸重，应判处缓刑。

本案二审期间，2015 年 8 月 29 日，第十二届全国人大常委会第十六次会议审议通过了《中华人民共和国刑法修正案（九）》，删去《刑法》第一百九十九条关于犯集资诈骗罪"数额特别巨大并且给国家和人民利益造成特别重大损失的，处无期徒刑或者死刑，并处没收财产"的规定。刑法修正案（九）于 2015 年 11 月 1 日起施行。

浙江省高级人民法院经审理后认为，刑法修正案（九）取消了集资诈骗罪死刑的规定，根据从旧兼从轻原则，一审法院判处周辉有期徒刑十五年符合修订后的法律规定。上诉人周辉具有集资诈骗的主观故意及客观行为，原审定性准确。2016 年 4 月 29 日，二审法院作出裁定，维持原判。终审判决作出后，周辉及其父亲不服判决提出申诉，浙江省高级人民法院受理申诉并经审查后，认为原判事实清楚，证据确实充分，定性准确，量刑适当，于 2017 年 12 月 22 日驳回申诉，维持原裁判。

⚛ 指导意义

是否具有非法占有目的，是正确区分非法吸收公众存款罪和集资诈骗罪的关键。 对非法占有目的的认定，应当围绕融资项目真实性、资金去向、归还能力等事实、证据进行综合判断。**行为人将所吸收资金大部分未用于生产经营活动，或名义上投入生产经营，但又通过各种方式抽逃转移资金，或供其个人肆意挥霍，归还本息主要通过借新还旧来实现，造成数额巨大的募集资金无法归还的，可以认定具有非法占有的目的。**

集资诈骗罪是近年来检察机关重点打击的金融犯罪之一。对该类犯罪，检察机关应着重从以下几个方面开展工作：

一是强化证据审查。 非法集资类案件由于参与人数多、涉及面广，受主客观因素影响，取证工作易出现瑕疵和问题。检察机关对重大复杂案件要及时介入侦查、引导取证。在审查案件中要强化对证据的审查，需要退回补充侦查或者自行补充侦查的，要及时退查或补查，建立起完整、牢固的证据锁链，夯实认定案件事实的证据基础。

二是在法庭审理中要突出指控和证明犯罪的重点。 要紧紧围绕集资诈骗罪构成要件，特别是行为人主观上具有非法占有目的、客观上以欺骗手段非法集资的事实梳理组合证据，运用完整的证据体系对认定犯罪的关键事实予以清晰证明。

三是要将办理案件与追赃挽损相结合。 检察机关办理相关案件，要积极配合公安机关、人民法院依法开展追赃挽损、资产处置等工作，最大限度减少人民群众的实际损失。

四是要结合办案开展以案释法，增强社会公众的法治观念和风险防范意识，有效预防相关犯罪的发生。

📖 相关规定

《中华人民共和国刑法》第一百九十二条

《最高人民法院关于审理非法集资刑事案件具体应用法律若干问题的解释》第四条

《最高人民检察院、公安部关于公安机关管辖的刑事案件立案追诉标准的规定（二）》第四十九条

📚 延伸阅读

问：如何区分非法吸收公众存款罪与集资诈骗罪？

答：非法吸收公众存款罪与集资诈骗罪都属于非法集资犯罪，二者区别的关键在于行为人是否对吸收的资金具有非法占有的目的。如果行为人利用网络平台发布虚假高利借款标募集资金，采取借新还旧的手段，短期内募集大量资金，不用于生产经营活动，或者用于生产经营活动与筹集资金规模明显不成比例，致使集资款不能返还的，是典型的利用网络中介平台实施集资诈骗行为。本案中，周辉采用编造虚假借款人、虚假投标项目等欺骗手段集资，所融资金未投入生产经营，大量集资款被其个人肆意挥霍，具有明显的非法占有目的，其行为构成

集资诈骗罪。

问：办理利用互联网实施非法集资犯罪案件应注意哪几个方面的问题？

答：周辉案是利用互联网实施非法集资犯罪的典型案例。办理该案存在两方面的难点：第一个方面是周辉开展 P2P 平台业务，是进行互联网金融创新，还是实施非法集资犯罪行为，即案件罪与非罪的问题；第二个方面是如周辉的行为构成非法集资犯罪，是构成非法吸收公众存款罪，还是集资诈骗罪，即是构成此罪与彼罪的问题。

经过对案件证据的梳理，确信周辉的行为不是互联网金融创新，而是假借 P2P 外衣，实施的非法集资行为，且是构成其中性质最为恶劣的集资诈骗罪。之所以作出这样的判断，主要基于两方面因素。

一是周辉对投资人进行欺诈，建立资金池，直接违反国家相关规定。根据国家监管规定，P2P 平台必须坚持网贷信息中介的性质，不能自建资金池，而周辉共虚构了 34 名借款人，虚构融资项目、虚构抵押物，欺骗投资人，在其个人账户中形成了总额达 10 亿元的巨额资金池，明显构成违法，脱离了互联网金融创新的范畴。

二是所集资金未用于任何正常经营活动，反而恣意挥霍，具有非法占有目的。根据在案证据，周辉主要将资金存放在银行，用于个人活期储蓄，不可能产生足额利润来支持周辉向投资人宣称的年化 20% 的投资回报。同时其又花费 6600 万元购买了 20 辆豪华跑车,花费 2800 万元购买服饰、旅游等生活开支。这些行为按照法律规定,可以认定具有非法占有目的,其行为构成集资诈骗罪确凿无疑。

🎤 检察官建言

当前互联网集资案件多发,可能主要存在以下三方面原因:一是互联网金融业的快速发展在客观上,使得如周辉一样的不法分子得以浑水摸鱼,挂羊头卖狗肉,打着金融创新的旗号,行非法集资之实。二是对互联网金融创新和违法犯罪的甄别和监管还存在较大难度,如 P2P 平台中,在其发展初期和壮大期,由于缺乏相应的法律规定和技术支持,相关部门很难对真实资金使用人身份、资金用途等进行调查核实和甄别、监管。三是部分投资人危机意识不强,容易被不法分子虚构的高息回报所诱惑,即便有所认识,又存在侥幸心理,认为自己不会是最后的接盘人或者对自身极度自信,抱着"薅羊毛",捞一把就跑的心理。这些都在一定程度上,导致了案件的多发。

综合以上方面,要实现对互联网非法集资犯罪的预防,投资人必须要提高警惕,在高息诱惑面前,保持理性,审慎投资,控制投资风险,一旦发现自身可能卷入非法集资行为,要及时向有关部门反映,依法维护自身合法权益。

叶经生等组织、领导传销活动案
——火眼金睛识破新型网络传销

（检例第 41 号）

检察办案理念

涉众型金融犯罪，涉案金额大，参与人员广，犯罪分子往往大肆开展虚假宣传，极易蒙蔽群众，造成众多参与者巨额财产损失，是当前风险性和危害性极大的金融犯罪。通过发布叶经生等组织、领导传销活动案，彰显了检察机关加大对涉众型金融犯罪打击力度的坚定决心。

检察职能体现

叶经生等组织、领导传销活动案，涉及人数众多，犯罪组织形式复杂。针对庭审中被告人叶经生提出的宝乔公司系依法成立，金乔网模式是消费模式的创新，没有组织、领导传销的故意，会员之间没有层级关系，不构成组织、领导传销活动罪的辩解，检察官通过当庭讯问被告人、通知鉴定人出庭作证和出示相关证据等，证明了金乔网没有实质性的经营活动，所谓经营活动和利润来源纯粹依靠后加入人员缴纳的费用；金乔网会员层级呈现金字塔状，上线会员可通过下线、下下线会员发展会员获得收益，从而揭示了被告人的行为具有组织、领导传销活动骗取财物的本质特征。

⬤ 要旨

组织者或者经营者利用网络发展会员，要求被发展人员以缴纳或者变相缴纳"入门费"为条件，获得提成和发展下线的资格。通过发展人员组成层级关系，并以直接或者间接发展的人员数量作为计酬或者返利的依据，引诱被发展人员继续发展他人参加，骗取财物，扰乱经济社会秩序的，以组织、领导传销活动罪追究刑事责任。

▦ 基本案情

被告人叶经生，男，1975年12月出生，原系上海宝乔网络科技有限公司（以下简称宝乔公司）总经理。

被告人叶青松，男，1973年10月出生，原系宝乔公司浙江省区域总代理。

2011年6月，被告人叶经生等人成立宝乔公司，先后开发"经销商管理系统网站""金乔网商城网站"（以下简称金乔网）。以网络为平台，或通过招商会、论坛等形式，宣传、推广金乔网的经营模式。

金乔网的经营模式是：1.经上线经销商会员推荐并缴纳保证金成为经销商会员，无需购买商品，只需发展下线经销商，根据直接或者间接发展下线人数获得推荐奖金，晋升级别成为股权会员，享受股权分红。2.经销商会员或消费者在金乔网经销商会员处购物消费满120元以上，向宝乔公司支付消费金额10%的现金，即可注册成为返利会员参与消费额双倍返利，可获一倍现金返利和一倍的金乔币（虚拟电子货币）返利。3.金乔网在全国各地设立省、地区、县（市、区）三级区域运营中心，各运营中心设区域代理，由经销商会员负责本区域会员的发展和管理，享受区域范围内不同种类业绩一定比例的提成奖励。

2011年11月，被告人叶青松经他人推荐加入金乔网，缴纳三份保证金并注册了三个经销商会员号。因发展会员积极，经金乔网审批成为浙江省区域总代理，负责金乔网在浙江省的推广和发展。

截至案发，金乔网注册会员3万余人，其中注册经销商会员1.8万余人。在全国各地发展省、地区、县三级区域代理300余家，涉案金额1.5亿余元。其中，叶青松直接或间接发展下线经销商会员1886人，收取浙江省区域会员保证金、参与返利的消费额 10% 现金、区域代理费等共计 3000 余万元，通过银行转汇给叶经生。叶青松通过抽取保证金推荐奖金、股权分红、消费返利等提成的方式非法获利 70 余万元。

检察机关指控与证明犯罪

2012 年 8 月 28 日、2012 年 11 月 9 日，浙江省松阳县公安局分别以叶青松、叶经生涉嫌组织、领导传销活动罪移送浙江省松阳县人民检察院审查起诉。因叶经生、叶青松系共同犯罪，松阳县人民检察院作并案处理。

2013 年 3 月 11 日，浙江省松阳县人民检察院以被告人叶经生、叶青松犯组织、领导传销活动罪向松阳县人民法院提起公诉。松阳县人民法院公开开庭审理了本案。

法庭调查阶段，公诉人宣读起诉书指控被告人叶经生、叶青松利用网络，以会员消费双倍返利为名，吸引不特定公众成为会员、经销商，组成一定层级，采取区域累计计酬方式，引诱参加者继续发展他人参与，骗取财物，扰乱经济社会秩序，其行为构成组织、领导传销活动罪。在共同犯罪中，被告人叶经生起主要作用，系主犯；被告人叶青松起辅助作用，系从犯。

针对起诉书指控的犯罪事实，被告人叶经生辩解认为，宝乔公司系依法成立，没有组织、领导传销的故意，金乔网模式是消费模式的创新。

公诉人针对涉及传销的关键问题对被告人叶经生进行讯问：

第一，针对成为金乔网会员是否要向金乔网缴纳费用，公诉人讯问：如何成为金乔网会员，获得推荐奖金、消费返利？被告人叶经生回答：注册成为金乔网会员，需缴纳诚信保证金7200元，成为会员后发展一个经销商就可以获得奖励1250元；参与返利，消费要达到120元以上，并向公司缴纳10%的消费款。公诉人这一讯问揭示了缴纳保证金、缴纳10%的消费款才有资格获得推荐奖励、返利，保证金及10%的消费款其实质就是入门费。金乔网的经营模式符合传销组织要求参加者以缴纳费用或者购买商品、服务等方式获得加入资格的组织特征。

第二，针对金乔网利润来源、计酬或返利的资金来源，公诉人讯问：除了收取的保证金和10%的消费款费用，金乔网还有无其他收入？被告人叶经生回答：收取的10%的消费款就足够天天返利了，金乔网的主要收入是保证金、10%的消费款，支出主要是天天返利及推荐奖、运营费用。公诉人讯问：公司收取消费款有多少，需返利多少？被告人叶经生回答：收到4000万元左右，返利也要4000万元，我们的经营模式不需要盈利。公诉人通过讯问，揭示了金乔网没有实质性的经营活动，其利润及资金的真实来源系后加入人员缴纳的费用。如果没有新的人员加入，根本不可能维持其"经营活动"的运转，符合传销活动骗取财物的本质特征。

同时，公诉人向法庭出示了四组证据证明犯罪事实：

一是宝乔公司的工商登记、资金投入、人员组成、公司财务资料、网站功能等书证。证明：宝乔公司实际投入仅300万元，没有资金实力建立与其宣传匹配的电子商务系统。

二是宝乔公司内部人员证言及被告人的供述等证据。证明：公司缺乏售后服务人员、系统维护人员、市场推广及监管人员，员工主要从事虚假宣传，收取保证金及消费款，推荐佣金，发放返利。

三是宝乔公司银行明细、公司财务资料、款项开支情况等证据，证明：公司收入来源于会员缴纳的保证金、消费款。技术人员的证言等证据，证明：网站功能简单，不具备第三方支付功能，不能适应电子商务的需求。

四是金乔网网站系统的电子数据及鉴定意见，并由鉴定人出庭作证。鉴定人揭示网络数据库显示了金乔网会员加入时间、缴纳费用数额、会员之间的推荐（发展）关系、获利数额等信息。鉴定人当庭通过对上述信息的分析，指出数据库表格中的会员账号均列明了推荐人，按照推荐人关系排列，会员层级呈金字塔状，共有68层。每个结点有左右两个分支，左右分支均有新增单数，则可获得推荐奖金，奖金实行无限代计酬。证明：金乔网会员层级呈现金字塔状，上线会员可通过下线、下下线会员发展会员获得收益。

法庭辩论阶段，公诉人发表公诉意见，指出金乔网的人财物及主要活动目的，在于引诱消费者缴纳保证金、消费款，并从中非法牟利。其实质是借助公司的合法形式，打着电子商务旗号进行网络传销。同时阐述了这种新型传销活动的本质和社会危害。

辩护人提出：金乔网没有入门费，所有的人员都可以在金乔网注册，不缴纳费用也可以成为金乔网的会员。金乔网没有设层级，经销商、会员、区域代理之间不存在层级关系，没有证据证实存在层级获利。金乔网没有拉人头，没有以发展人员的数量作为计酬或返利依据。直接推荐才有奖金，间接推荐没有奖金，没有骗取财物，不符合组织、领导传销活动罪的特征。

公诉人答辩：金乔网缴纳保证金和消费款才能获得推荐佣金和返利的资格，本质系入门费。上线会员可以通过发展下线人员获取收益，并组成会员、股权会员、区域代理等层级，本质为设层级。以推荐的人数作为发放佣金的依据系直接以发展的人员数量作为计酬依据，区域业绩及返利资金主要取决于参加人数的多少，实质属于以发展人员的数量作为提成奖励及返利的依据，本质为拉人头。金乔网缺乏实质的经营活动，不产生利润，以后期收到的保证金、消费款支付前期的推荐佣金、返利，与所有的传销活动一样，人员不可能无限增加，资金链必然断裂。传销组织人员不断增加的过程实际也是风险不断积累和放大的过程。金乔网所谓经营活动本质是从被发展人员缴纳的费用中非法牟利，具有骗取财物的特征。

法庭经审理，认定检察机关出示的证据能够相互印证，予以确认。被告人及其辩护人提出的不构成组织、领导传销活动罪的辩解、辩护意见不能成立。

2013年8月23日，浙江省松阳县人民法院作出一审判决，以组织、领导传销活动罪判处被告人叶经生有期徒刑七年，并处罚金人民币150万元。以组织、领导传销活动罪判处被告人叶青松有期徒刑三年，并处罚金人民币30万元。扣押和冻结的涉案财物予以没收，继续追缴二被告人的违法所得。

二被告人不服一审判决，提出上诉。叶经生的上诉理由是其行为不构成组织、领导传销活动罪。叶青松的上诉理由是量刑过重。浙江省丽水市中级人民法院经审理，认定原判事实清楚，证据确实、充分，定罪准确，量刑适当，审判程序合法，驳回上诉，维持原判。

✳ 指导意义

随着互联网技术的广泛应用，微信、语音视频聊天室等社交平台作为新的营销方式被广泛运用。传销组织在手段上借助互联网不断翻新，打着"金融创新"的旗号，以"资本运作""消费投资""网络理财""众筹""慈善互助"等为名从事传销活动。常见的表现形式有：组织者、经营者注册成立电子商务企业，以此名义建立电子商务网站。以网络营销、网络直销等名义，变相收取入门费，设置各种返利机制，激励会员发展下线，上线从直接或者间接发展的下线的销售业绩中计酬，或以直接或者间接发展的人员数量为依据计酬或者返利。这类行为，不管其手段如何翻新，**只要符合传销组织骗取财物、扰乱市场经济秩序本质特征的，应以组织、领导传销活动罪论处。**

检察机关办理组织、领导传销活动犯罪案件，要紧扣传销活动骗取财物的本质特征和构成要件，收集、审查、运用证据。特别要注意针对传销网站的经营特征与其他合法经营网站的区别，重点收集涉及入门费、设层级、拉人头等传销基本特征的证据及企业资金投入、人员组成、资金来源去向、网站功能等方面的证据，揭示传销犯罪没有创造价值，经营模式难以持续，用后加入者的财物支付给先加入者，通过发展下线牟利骗取财物的本质特征。

相关规定

《中华人民共和国刑法》第二百二十四条之一

《最高人民检察院、公安部关于公安机关管辖的刑事案件立案追诉标准的规定（二）》第七十八条

延伸阅读

问：新型网络传销与传统传销有哪些区别？

答：叶经生案是当前新型网络传销的典型代表。新型网络

传销与传统传销的主要区别就在于，新型网络传销傍上了互联网＋，打着金融创新的旗号，披着科技的外衣，隐蔽性、欺骗性更强。如何区别合法的互联网企业与传销组织（金融创新与网络传销），也是在办案过程中碰到的一大难点。

在叶经生案办理过程中，叶经生等人就辩解金乔网是消费模式的创新，实现了顾客、商家和平台的共赢，不应该对金乔网进行打击。但在审查全案证据后发现，叶经生等人没有投入足够的资金建立与其宣传相匹配的电子商务系统，网站功能也非常简单，不能适应复杂的电子商务的需求，公司除了收取保证金、10% 的消费款（实质上是入门费），没有其他经营收入，金乔网所有人财物的安排及主动活动都是围绕如何引诱消费者缴纳入门费、自己从中牟利展开。在法庭讯问过程中，叶经生也承认金乔网就是用后加入者缴纳的费用支付给前期的加入者。这就符合传销犯罪活动没有创造价值，用加入者的财物支付给前加入者，通过发展下线牟利的骗取财物本质。

现在的网络传销犯罪花样形式非常多，除了叶经生案这种网络购物返利模式，在办案过程中，接触和了解到的案件类型还有虚拟币模式（以投资、销售虚拟币为名，以静态、动态收益为诱饵，发展下线）、原始股模式（鼓吹原始股暴富，以推荐奖引诱他人加入），微商传销模式（在微信、微商平台上以造假炫富的手段发展人员），点击广告返利模式（宣称只要点击广告就能获利），慈善互助模式（打着慈善互助的口号欺骗用户），等等。

问：如何识别和防范新型网络传销陷阱？

答：针对一系列新型的网络传销案件，办案人员如何判断是不是传销，把握的一条基本原则是，只要组织者、领导者以拉人头、发展下线作为他的生存方式，组成金字塔式的层级关系敛财，以直接或间接发展的人员数量作为计酬或返利的依据，就是传销活动。这个也是查办叶经生案掌握的标准，是办案人员专业的判断。

🎙️ 检察官建言

在实践中，老百姓如何识别、防范这些让人眼花缭乱的新型传销活动？可以从几个方面着手：

第一，了解新型网络传销的惯用词。如果看到资本动作、消费返利、爱心互助、原始股、虚拟币、动态收益、静态收益、推荐奖、报单奖、对碰奖这些传销惯用词，就要有所警觉。不要被这些花哨的概念炒作所蒙蔽。这次办理的叶经生案，就是通过前面提到的消费返利、推荐奖去引诱、欺骗老百姓。

第二，判断高额收益来源是否合理。有些公司打着一夜暴富、躺着赚钱的口号，就要判断所谓的高额回报是不是符合正常的经营规律，商业逻辑。不要被高收益迷住了双眼，要保持头脑清楚，理性判断。叶经生就是承诺说只要缴纳10%的消费款，就能获得200%的返利，这个明显不符合正常的商业规律。

第三，遇到收入门费、拉下线就要高度警惕。传销实质上就是上线瓜分下线投入资金的圈钱游戏，要想获得传销资格就要缴纳入门费，想要获取收益就要拉人头加入。叶经生的金乔网就是以保证金形式收取经销商会员的入门费，会员通过发展下线获得推荐奖，发展人数越多收益就越多，层级也越高。

网上有人编了句顺口溜，说"入会只需把钱交，一拉人头就回报，拉人越多层级高"。符合这些特征的，基本上就可以判断是传销了。

依法惩防金融犯罪

近年来涉众型金融犯罪重特大案件频发，社会各界高度关注。涉众型金融犯罪隐蔽性、欺骗性强，蔓延速度快，涉案人员多，波及地域广，涉案金额大，严重损害人民群众财产权益，严重危害国家金融安全，因此始终是检察机关打击的重点。检察机关在惩防金融犯罪方面主要采取了以下举措：

一是持之以恒加大对涉众型金融犯罪的打击力度。检察机关立足法律监督职能，始终坚持"严"字当头，加强审查批捕、审查起诉和出庭公诉工作，强化刑事诉讼法律监督，始终保持对涉众型金融犯罪打击的高压态势。健全办案制度，创新办案机制，加强对公安机关办理取证工作的介入和指导，增强刑事追诉和指控证明犯罪能力水平，上级检察机关要加大对大案要案的督办、指导力度。充分利用行政执法与刑事司法衔接信息共享平台，及时发现金融犯罪案件线索，强化对有案不移、有案不立、以罚代刑等违法行为的监督。加强与公安、法院的沟通协调，建立部门间联席会议制度，统一法律适用标准，稳步推进诉讼进程。

二是把对涉众型金融犯罪案件的办理和化解风险、追赃挽损、维护稳定结合起来，防止和避免引发次生风险。检察机关牢固树立防控金融风险意识，在依法办理案件的同时，注重风险评估预警，做到依法处置、舆论引导、风险防控"三同步"。

在审查逮捕、审查起诉环节，加强对案件事实和证据的审查，又对涉案款物进行专门审查，督促公安机关依法对赃款赃物进行查封、扣押、冻结。对犯罪分子违法所得及其孳息，依法予以追缴或者责令退赔。做到对涉众型金融犯罪既精准打击，又妥善处置，实现办案的政治效果、法律效果和社会效果相统一。

三是结合办案，积极参与促进金融监管，强化犯罪预防。早识别、早预警、早发现、早处置是防控涉众型金融犯罪的重要措施。检察机关立足办案职能，针对办案中发现的金融监管漏洞等提出检察建议，促进相关部门堵漏建制，完善相关预防预警措施。同时，按照"谁执法、谁普法"的普法责任制要求，结合涉众型金融犯罪典型案件办理，广泛开展以案释法等金融法治宣传教育活动，引导社会公众养成金融法治观念，增强金融风险意识，提高识别和抵制金融骗局的能力，做到理性投资、依法维权，达到办理一案、教育一片的良好效果。

未成年人保护篇

——最高人民检察院第十一批指导性案例

针对侵害未成年人权益案件时有发生，严重损害未成年人合法权益的实际情况。近年来，检察机关认真贯彻落实党中央关于维护社会大局稳定，保障和改善民生，以及保障未成年人合法权益的部署和要求，根据《中华人民共和国未成年人保护法》等法律的相关规定不断加大惩治和预防侵害未成年人犯罪力度，努力为未成年被害人提供专业有效的关爱、救助，进一步强化了未成年人司法保护，取得了较好的成效。

2018年11月18日，最高人民检察院发布齐某强奸、猥亵儿童案等三起侵害未成年人权益犯罪案件作为第十一批指导性案例。

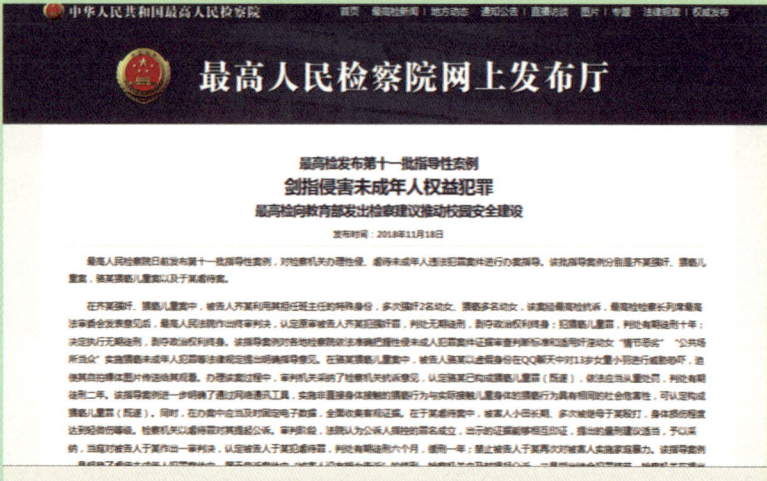

最高人民检察院发布的第十一批指导性案例，一方面展现了检察机关加强未成年人权益保护的坚决态度，另一方面旨在通过指导案例明确未成年人权益保护中的法律适用疑难问题，统一认识，准确适用法律，提升办案质效。此次发布的指导案例与以往不同的是，隐去了案件当事人个人信息、案发地点、办案单位等可能使被害人身边的人推断出其身份信息的资料和涉及性侵害的细节等内容，这也是为进一步保护未成年被害人的名誉权、隐私权，避免造成二次伤害。

齐某强奸、猥亵儿童案

——法治利剑斩断伸向幼女的魔爪

（检例第 42 号）

检察办案理念

未成年人权利保护是当前社会各界关注的重要问题。近年来，性侵害、虐待等侵害未成年人犯罪案件屡屡发生，严重侵害未成年人权利，影响未成年人身心健康，危害社会和谐稳定，必须坚决予以严惩。齐某强奸、猥亵儿童案的办理展示了检察机关严厉打击侵害未成年人犯罪，保护未成年人权利的指导思想。

检察职能体现

在齐某强奸、猥亵儿童案中，被告人齐某利用其担任班主任的特殊身份，多次强奸 2 名幼女、猥亵多名幼女，该案经最高检抗诉，最高人民检察院检察长列席最高法审委会发表意见后，最高人民法院作出终审判决，认定原审被告人齐某犯强奸罪，判处无期徒刑，剥夺政治权利终身；犯猥亵儿童罪，判处有期徒刑十年；决定执行无期徒刑，剥夺政治权利终身。该指

导案例对各地检察院依法准确把握性侵未成人犯罪案件证据审查判断标准和适用奸淫幼女"情节恶劣"、"公共场所当众"实施猥亵未成年人犯罪等法律规定提出明确指导意见。

★ 要旨

1. 性侵未成年人犯罪案件中，被害人陈述稳定自然，对于细节的描述符合正常记忆认知、表达能力，被告人辩解没有证据支持，结合生活经验对全案证据进行审查，能够形成完整证明体系的，可以认定案件事实。

2. 奸淫幼女具有《最高人民法院、最高人民检察院、公安部、司法部关于依法惩治性侵害未成年人犯罪的意见》规定的从严处罚情节，社会危害性与刑法第二百三十六条第三款第二至四项规定的情形相当的，可以认定为该款第一项规定的"情节恶劣"。

3. 行为人在教室、集体宿舍等场所实施猥亵行为，只要当时有多人在场，即使在场人员未实际看到，也应当认定犯罪行为是在"公共场所当众"实施。

基本案情

被告人齐某，男，1969 年 1 月出生，原系某县某小学班主任。

2011 年夏天至 2012 年 10 月，被告人齐某在担任班主任期间，利用午休、晚自习及宿舍查寝等机会，在学校办公室、教室、洗澡堂、男生宿舍等处多次对被害女童 A（10 岁）、B（10 岁）实施奸淫、猥亵，并以带 A 女童外出看病为由，将其带回家中强奸。齐某还在女生集体宿舍等地多次猥亵被害女童 C（11 岁）、D（11 岁）、E（10 岁），猥亵被害女童 F（11 岁）、G（11 岁）各一次。

检察机关指控与证明犯罪

（一）提起公诉及原审判决情况

2013 年 4 月 14 日，某市人民检察院以齐某犯强奸罪、猥亵儿童罪对其提起公诉。5 月 9 日，某市中级人民法院依法不公开开庭审理本案。9 月 23 日，该市中级人民法院作出判决，认定齐某犯强奸罪，判处死刑缓期二年执行，剥夺政治权利终身；犯猥亵儿童罪，判处有期徒刑四年六个月；决定执行死刑，缓期二年执行，剥夺政治权利终身。被告人未上诉，判决生效后，报某省高级人民法院复核。

2013年12月24日，某省高级人民法院以原判认定部分事实不清为由，裁定撤销原判，发回重审。

2014年11月13日，某市中级人民法院经重新审理，作出判决，认定齐某犯强奸罪，判处无期徒刑，剥夺政治权利终身；犯猥亵儿童罪，判处有期徒刑四年六个月；决定执行无期徒刑，剥夺政治权利终身。齐某不服提出上诉。

2016年1月20日，某省高级人民法院经审理，作出终审判决，认定齐某犯强奸罪，判处有期徒刑六年，剥夺政治权利一年；犯猥亵儿童罪，判处有期徒刑四年六个月；决定执行有期徒刑十年，剥夺政治权利一年。

（二）提起审判监督程序及再审改判情况

某省人民检察院认为该案终审判决确有错误，提请最高人民检察院抗诉。最高人民检察院经审查，认为该案适用法律错误，量刑不当，应予纠正。2017年3月3日，最高人民检察院依照审判监督程序向最高人民法院提出抗诉。

2017 年 12 月 4 日，最高人民法院依法不公开开庭审理本案，最高人民检察院指派检察员出席法庭，辩护人出庭为原审被告人进行辩护。

法庭调查阶段，针对原审被告人不认罪的情况，检察员着重就齐某辩解与在案证据是否存在矛盾，以及有无其他证据或线索支持其辩解进行发问和举证，重点核实以下问题：案发前齐某与被害人及其家长关系如何，是否到女生宿舍查寝，是否多次单独将女生叫出教室，是否带女生回家过夜。齐某当庭供述与被害人及其家长没有矛盾，承认曾到女生宿舍查寝，为女生揉肚子，单独将女生叫出教室问话，带女生外出看病以及回家过夜。通过当庭讯问，进一步印证了被害人陈述细节的真实性、客观性。

法庭辩论阶段，检察员发表出庭意见：

首先，原审被告人齐某犯强奸罪、猥亵儿童罪的犯罪事实清楚，证据确实、充分。1. 各被害人及其家长和齐某在案发前没有矛盾。报案及时，无其他介入因素，可以排除诬告的可能。2. 各被害人陈述内容自然合理，可信度高，且有同学的证言予以印证。被害人对于细节的描述符合正常记忆认知、表达能力，如齐某实施性侵害的大致时间、地点、方式、次数等内容基本一致。因被害人年幼、报案及作证距案发时间较长等客观情况，具体表达存在不尽一致之处，完全正常。3. 各被害人陈述的基本事实得到本案其他证据印证，如齐某卧室勘验笔录、被害人辨认现场的笔录、现场照片、被害人生理状况诊断证明等。

其次，原审被告人齐某犯强奸罪情节恶劣，且在公共场所当众猥亵儿童，某省高级人民法院判决对此不予认定，属于适用法律错误，导致量刑畸轻。1. 齐某奸淫幼女"情节恶劣"。齐某利用教师身份，多次强奸二名幼女，犯罪时间跨度长。本案发生在校园内，对被害人及其家人伤害非常大，对其他学生造成了恐惧。齐某的行为具备《最高人民法院、最高人民检察院、公安部、司法部关于依法惩治性侵害未成年人犯罪的意见》第25条规定的多项"更要依法从严惩处"的情节，综合评判应认定为"情节恶劣"，判处十年有期徒刑以上刑罚。2. 本案中齐某的行为属于在"公共场所当众"猥亵儿童。公共场所系供社会上多数人从事工作、学习、文化、娱乐、体育、社交、参观、旅游和满足部分生活需求的一切公用建筑物、场所及其设施的总称，具备由多数人进出、使用的特征。基于对未成年人保护的需要，《最高人民法院、最高人民检察院、公安部、司法部关于依法惩治性侵害未成年人犯罪的意见》第23条明确将"校园"这种除师生外，其他人不能随便进出的场所认定为公共场所。司法实践中也已将教室这种相对封闭的场所认定为公共场所。本案中女生宿舍是20多人的集体宿舍，和教室一样属于校园的重要组成部分，具有相对涉众性、公开性，应当是公共场所。《最高人民法院、最高人民检察院、公安部、司法部关于依法惩治性侵害未成年人犯罪的意见》第23条规定，在公共场所对未成年人实施猥亵犯罪，"只要有其他多人在场，不论在场人员是否实际看到"，均可认定为当众猥亵。本案中齐某在熄灯后进入女生集体宿舍，当时就寝人数较多，床铺之间没有遮挡，其猥亵行为易被同寝他人所感知，符合上述规定"当众"的要求。

原审被告人及其辩护人坚持事实不清、证据不足的辩护意见，理由是：一是认定犯罪的直接证据只有被害人陈述，齐某始终不认罪，其他证人证言均是传来证据，没有物证，证据链条不完整。二是被害人陈述前后有矛盾，不一致。且其中一个被害人在第一次陈述中只讲到被猥亵，第二次又讲到被强奸，前后有重大矛盾。

针对辩护意见，检察员答辩：一是被害人陈述的一些细节，如强奸的地点、姿势等，结合被害人年龄及认知能力，不亲身经历，难以编造。二是齐某性侵次数多、时间跨度长，被害人年龄小，前后陈述有些细节上的差异和模糊是正常的，恰恰符合被害人的记忆特征，且被害人对基本事实和情节的描述是稳定的。有的被害人虽然在第一次询问时没有陈述被强奸，但在此后对没有陈述的原因做了解释，即当时学校老师在场，不敢讲，这一理由符合孩子的心理。三是被害人同学证言虽然是传来证据，但其是在犯罪发生之后即得知有关情况，因此证明力较强。四是齐某及其辩护人对其辩解没有提供任何证据或者线索的支持。

2018 年 6 月 11 日，最高人民法院召开审判委员会会议审议本案，最高人民检察院检察长列席会议并发表意见：一是最高人民检察院抗诉书认定的齐某犯罪事实、情节符合客观实际。性侵害未成年人案件具有客观证据、直接证据少，被告人往往不认罪等特点。本案中，被害人家长与原审被告人之前不存在矛盾，案发过程自然。被害人陈述及同学证言符合案发实际和儿童心理，证明力强。综合全案证据看，足以排除合理怀疑，能够认定原审被告人强奸、猥亵儿童的犯罪事实。二是原审被告人在女生宿舍猥亵儿童的犯罪行为属于在"公共场所当众"猥亵。考虑本案具体情节，原审被告人猥亵儿童的犯罪行为应当判处十年有期徒刑以上刑罚。三是某省高级人民法院二审判决确有错误，依法应当改判。

2018年7月27日，最高人民法院作出终审判决，认定原审被告人齐某犯强奸罪，判处无期徒刑，剥夺政治权利终身；犯猥亵儿童罪，判处有期徒刑十年；决定执行无期徒刑，剥夺政治权利终身。

✳ 指导意义

（一）准确把握性侵未成人犯罪案件证据审查判断标准

对性侵未成年人犯罪案件证据的审查，**要根据未成年人的身心特点，按照有别于成年人的标准予以判断**。审查言词证据，要结合全案情况予以分析。根据经验和常识，未成年人的陈述合乎情理、逻辑，对细节的描述符合其认知和表达能力，且有其他证据予以印证，被告人的辩解没有证据支持，结合双方关系不存在诬告可能的，应当采纳未成年人的陈述。

（二）准确适用奸淫幼女"情节恶劣"的规定

刑法第二百三十六条第三款第一项规定，奸淫幼女"情节恶劣"的，处十年以上有期徒刑、无期徒刑或者死刑。《最高人民法院、最高人民检察院、公安部、司法部关于依法惩治性侵害未成年人犯罪的意见》第 25 条规定了针对未成年人实施强奸、猥亵犯罪"更要依法从严惩处"的七种情形。实践中，**奸淫幼女具有从严惩处情形，社会危害性与刑法第二百三十六条第三款第二至四项相当的，可以认为属于该款第一项规定的"情节恶劣"**。例如，该款第二项规定的"奸淫幼女多人"，一般是指奸淫幼女三人以上。本案中，被告人具备教师的特殊身份，奸淫二名幼女，且分别奸淫多次，其危害性并不低于奸淫幼女三人的行为，据此可以认定符合"情节恶劣"的规定。

（三）准确适用"公共场所当众"实施强奸、猥亵未成年人犯罪的规定

刑法对"公共场所当众"实施强奸、猥亵未成年人犯罪，作出了从重处罚的规定。《最高人民法院、最高人民检察院、公安部、司法部关于依法惩治性侵害未成年人犯罪的意见》第 23 条规定了在**"校园、游泳馆、儿童游乐场等公共场所"**对未成年人实施强奸、猥亵犯罪，可以认定为在"公共场所当众"实施犯罪。适用这一规定，是否属于"当众"实施犯罪至为关键。**对在规定列举之外的场所实施强奸、猥亵未成年人犯罪的，**

只要场所具有相对公开性，且有其他多人在场，有被他人感知可能的，就可以认定为在"公共场所当众"犯罪。最高人民法院对本案的判决表明：学校中的教室、集体宿舍、公共厕所、集体洗澡间等，是不特定未成年人活动的场所，在这些场所实施强奸、猥亵未成年人犯罪的，应当认定为在"公共场所当众"实施犯罪。

相关规定

《中华人民共和国刑法》第二百三十六条、第二百三十七条

《中华人民共和国刑事诉讼法》第五十五条

《最高人民法院、最高人民检察院、公安部、司法部关于依法惩治性侵害未成年人犯罪的意见》第二条、第二十三条、第二十五条

延伸阅读

问：性侵未成年人犯罪证据审查是否有别于成年人案件标准？

答：性侵害犯罪较之其他犯罪，一般存在取证难、认定难的问题。性侵害未成年人犯罪更加存在客观证据、直接证据少，被告人一般不认罪的特点。齐某这起案件就很有代表性。齐某一直不认罪，直接证据只有被害学生的陈述，此外还有被害人同学证言等一些间接证据、传来证据。在这种情况下，最高人民检察院对本案的抗诉书和最高人民法院的终审判决书都认定

了齐某的犯罪事实。因此，这个案例在此类案件正确审查认定方面就有很强的指导性意义。对性侵未成年人犯罪案件证据的审查，要根据未成年人的身心特点，按照有别于成年人的标准予以判断。审查言词证据，要结合全案情况予以分析。根据经验和常识，未成年人的陈述合乎情理、逻辑，对细节的描述符合其认知和表达能力，被告人的辩解没有证据支持，结合双方关系不存在诬告可能的，应当采纳未成年人的陈述。

问：检察机关对齐某强奸、猥亵儿童案提出抗诉的主要理由是什么？

答：本案中，被告人齐某利用教师身份，分别多次对两名幼女实施奸淫，终审判决中对此没有认定属于"情节恶劣"。最高人民检察院抗诉理由认为省高级法院没有认定被告人齐某强奸犯罪"情节恶劣"，属于适用法律错误，量刑不当，该抗诉理由得到了最高人民法院判决的支持。该案例在此类问题的法律适用上，对今后的案件办理也有指导意义。刑法第二百三十六条第三款第一项规定，奸淫幼女"情节恶劣"的，处十年以上有期徒刑、无期徒刑或者死刑。《最高人民法院、最高人民检察院、公安部、司法部关于依法惩治性侵害未成年人犯罪的意见》第二十五条规定了针对未成年人实施强奸、猥亵犯罪"更要依法从严惩处"的七种情形。实践中，奸淫幼女具有从严惩处情形，社会危害性与刑法第二百三十六条第三款第二至四项相当的，可以认为属于该款第一项规定的"情节恶劣"。例如，该款第二项规定的"奸淫幼女多人"，一般是指奸淫幼女三人以上。本案中，被告人具备教师的特殊身份，奸淫二名幼女，且分别奸淫多次，其危害性并不低于奸淫幼女三人的行为，据此可以认定符合"情节恶劣"的规定。

骆某猥亵儿童案
——网络环境下不发生身体接触也能构成猥亵

（检例第 43 号）

检察办案理念

　　未成年人权利保护是当前社会各界关注的重要问题。近年来，性侵害、虐待等侵害未成年人犯罪案件屡屡发生，严重侵害未成年人权利，影响未成年人身心健康，危害社会和谐稳定，必须坚决予以严惩。骆某猥亵儿童案中，骆某通过网络猥亵未成年人，虽未直接与被害人进行身体接触，但同样侵害未成年人身心健康。对任何侵害未成年人合法权益的行为，都必须坚决予以严惩。

检察职能体现

　　检察机关准确把握犯罪本质特征，对利用网络实施猥亵、而一审法院未认定此行为系猥亵犯罪的案件进行抗诉，依法履行诉讼监督职能，最终得到了法院认可，统一了对新型犯罪适用法律的认识，确保了对各种侵害未成年人犯罪行为的打击力度。

⭐ 要旨

行为人以满足性刺激为目的，以诱骗、强迫或者其他方法要求儿童拍摄裸体、敏感部位照片、视频等供其观看，严重侵害儿童人格尊严和心理健康的，构成猥亵儿童罪。

基本案情

被告人骆某，男，1993 年 7 月出生，无业。

2017 年 1 月，被告人骆某使用化名，通过 QQ 软件将 13 岁女童小羽加为好友。聊天中得知小羽系初二学生后，骆某仍通过言语恐吓，向其索要裸照。在被害人拒绝并在 QQ 好友中将其删除后，骆某又通过小羽的校友周某对其施加压力，再次将小羽加为好友。同时骆某还虚构"李某"的身份，注册另一QQ 号并添加小羽为好友。之后，骆某利用"李某"的身份在

QQ 聊天中对小羽进行威胁恐吓，同时利用周某继续施压。小羽被迫按照要求自拍裸照十张，通过 QQ 软件传送给骆某观看。后骆某又以在网络上公布小羽裸照相威胁，要求与其见面并在宾馆开房，企图实施猥亵行为。因小羽向公安机关报案，骆某在依约前往宾馆途中被抓获。

检察机关指控与证明犯罪

（一）提起、支持公诉和一审判决情况

2017 年 6 月 5 日，某市某区人民检察院以骆某犯猥亵儿童罪对其提起公诉。7 月 20 日，该区人民法院依法不公开开庭审理本案。

法庭调查阶段，公诉人出示了指控犯罪的证据：被害人陈述、证人证言及被告人供述，证明骆某对小羽实施了威胁恐吓，强迫其自拍裸照的行为；QQ 聊天记录截图、小羽自拍裸体照片、身份信息等，证明骆某明知小羽系儿童及强迫其拍摄裸照的事实等。

法庭辩论阶段，公诉人发表公诉意见：被告人骆某为满足性刺激，通过网络对不满 14 周岁的女童进行威胁恐吓，强迫被害人按照要求的动作、姿势拍摄裸照供其观看，并以公布裸照相威胁欲进一步实施猥亵，犯罪事实清楚，证据确实、充分，应当以猥亵儿童罪对其定罪处罚。

辩护人对指控的罪名无异议，但提出以下辩护意见：

一是认定被告人明知被害人未满 14 周岁的证据不足。

二是认定被告人利用小羽的校友周某对小羽施压、威胁并获取裸照的证据不足。

三是被告人猥亵儿童的行为未得逞，系犯罪未遂。

四是被告人归案后如实供述，认罪态度较好，可酌情从轻处罚。

针对辩护意见，公诉人答辩：

一是被告人骆某供述在 QQ 聊天中已知小羽系初二学生，可能不满 14 周岁，看过其生活照、小视频，了解其身体发育状况，通过周某了解过小羽的基本信息，证明被告人骆某应当知道小羽系未满 14 周岁的幼女。

二是证人周某二次证言均证实其被迫帮助骆某威胁小羽，能够与被害人陈述、被告人供述相互印证，同时有相关聊天记录等予以印证，足以认定被告人骆某通过周某对小羽施压、威胁的事实。

三是被告人骆某前后实施两类猥亵儿童的行为，构成猥亵儿童罪。1. 骆某强迫小羽自拍裸照通过网络传输供其观看。该行为虽未直接接触被害人，但实质上已使儿童人格尊严和心理健康受到严重侵害。骆某已获得裸照并观看，应认定为犯罪既遂。2. 骆某利用公开裸照威胁小羽，要求与其见面在宾馆开房，并供述意欲实施猥亵行为。因小羽报案，该猥亵行为未及实施，应认定为犯罪未遂。

一审判决情况：法庭经审理，认定被告人骆某强迫被害女童拍摄裸照,并通过QQ软件获得裸照的行为不构成猥亵儿童罪。但被告人骆某以公开裸照相威胁,要求与被害女童见面,准备对其实施猥亵,因被害人报案未能得逞,该行为构成猥亵儿童罪,系犯罪未遂。2017年8月14日,某区人民法院作出一审判决,认定被告人骆某犯猥亵儿童罪(未遂),判处有期徒刑一年。

(二)抗诉及终审判决情况

一审宣判后,某区人民检察院认为,一审判决在事实认定、法律适用上均存在错误,并导致量刑偏轻。被告人骆某利用网络强迫儿童拍摄裸照并观看的行为构成猥亵儿童罪,且犯罪形态为犯罪既遂。2017年8月18日,该院向某市中级人民法院提出抗诉。某市人民检察院经依法审查,支持某区人民检察院的抗诉意见。

2017年11月15日,某市中级人民法院开庭审理本案。某市人民检察院指派检察员出庭支持抗诉。检察员认为:1.关于本案的定性。一审判决认定骆某强迫被害人拍摄裸照并传输观看的行为不是猥亵行为,系对猥亵儿童罪犯罪本质的错误理解。一审判决未从猥亵儿童罪侵害儿童人格尊严和心理健康的实质要件进行判断,导致法律适用错误。2.关于本案的犯罪形态。骆某获得并观看了儿童裸照,猥亵行为已经实施终了,应认定为犯罪既遂。3.关于本案量刑情节。根据《最高人民法院、最高人民检察院、公安部、司法部关于依法惩治性侵害未成年人犯罪的意见》第25条的规定,采取胁迫手段猥亵儿童的,依法从严惩处。一审判决除法律适用错误外，还遗漏了应当从重处罚的情节，导致量刑偏轻。

原审被告人骆某的辩护人认为，骆某与被害人没有身体接触，该行为不构成猥亵儿童罪。检察机关的抗诉意见不能成立，请求二审法院维持原判。

某市中级人民法院经审理，认为原审被告人骆某以寻求性刺激为目的，通过网络聊天对不满 14 周岁的女童进行言语威胁，强迫被害人按照要求自拍裸照供其观看，已构成猥亵儿童罪（既遂），依法应当从重处罚。对于市人民检察院的抗诉意见，予以采纳。2017 年 12 月 11 日，某市中级人民法院作出终审判决，认定原审被告人骆某犯猥亵儿童罪，判处有期徒刑二年。

指导意义

猥亵儿童罪是指以淫秽下流的手段猥亵不满 14 周岁儿童的行为。刑法没有对猥亵儿童的具体方式作出列举，需要根据实际情况进行判断和认定。实践中，**只要行为人主观上以满足性刺激为目的，客观上实施了猥亵儿童的行为，侵害了特定儿童人格尊严和身心健康的，应当认定构成猥亵儿童罪。**

网络环境下，以满足性刺激为目的，虽未直接与被害儿童进行身体接触，但是通过 QQ、微信等网络软件，以诱骗、强迫或者其他方法要求儿童拍摄、传送暴露身体的不雅照片、视频，行为人通过画面看到被害儿童裸体、敏感部位的，是对儿童人格尊严和心理健康的严重侵害，与实际接触儿童身体的猥亵行为具有相同的社会危害性，应当认定构成猥亵儿童罪。

检察机关办理利用网络对儿童实施猥亵行为的案件，要及时固定电子数据，证明行为人出于满足性刺激的目的，利用网络，采取诱骗、强迫或者其他方法要求被害人拍摄、传送暴露身体的不雅照片、视频供其观看的事实。要准确把握猥亵儿童罪的本质特征，全面收集客观证据，证明行为人通过网络不接触被害儿童身体的猥亵行为，具有与直接接触被害儿童身体的猥亵行为相同的性质和社会危害性。

相关规定

《中华人民共和国刑法》第二百三十七条

《最高人民法院、最高人民检察院、公安部、司法部关于依法惩治性侵害未成年人犯罪的意见》第二条、第十九条、第二十五条

延伸阅读

问：通过网络对未成年被害人实施猥亵的行为，与一般意义上直接接触式的猥亵有何区别？

答：在骆某猥亵儿童案中，被告人骆某使用化名，通过QQ软件将13岁女童小羽加为好友，并通过威胁恐吓手段，迫

使小羽按照其要求的动作，自拍裸照传送其观看。后骆某又以在网络上公布小羽裸照相威胁，要求与其见面并在宾馆开房，企图实施猥亵行为。因小羽报案，骆某在依约前往宾馆途中被抓获。这起案件是随着网络科技发展而出现的一种新类型犯罪，但并不是个例，其他一些地方也发生了类似案件。对这类案件，犯罪行为人往往辩称自己没有接触被害人身体，最多是违法行为，不构成犯罪。但是，在这类案件中，行为人客观上确实实施了猥亵行为，也严重损害了未成年人的身心健康，应当认定为犯罪。为了有效打击犯罪，保护未成年人合法权益，最高检专门整理了这个案例，指导各地在办理类似案件中准确适用法律规定。只要行为人以满足性刺激为目的，以诱骗、强迫或者其他方法要求儿童拍摄裸体、敏感部位照片、视频等供其观看，严重侵害儿童人格尊严和心理健康的，构成猥亵儿童罪。

于某虐待案

——检察机关依法保护受虐儿童

（检例第 44 号）

检察办案理念

于某虐待案的办理体现了检察机关对未成年人合法权益提供全面综合有效司法保护的理念。检察机关不仅依法严厉打击侵害未成年人犯罪，还要注重保护涉案未成年人的民事权益，帮助被害人改善生存、家庭、教育环境，以保障未成年人健康成长。

检察职能体现

在于某虐待案中，被害人小田长期、多次被继母于某殴打，身体损伤程度达到轻微伤等级，检察机关以虐待罪对其提起公诉。审判阶段，法院认为公诉人指控的罪名成立，出示的证据能够相互印证，提出的量刑建议适当，予以采纳，当庭对被告人于某作出一审判决，认定被告人于某犯虐待罪，判处有期徒刑六个月，缓刑一年；禁止被告人于某再次对被害人实施家庭暴力。此案的办理，进一步彰显了检察机关注重综合运用刑事、民事检察等手段，最大限度实现对未成年人的全面综合司法保护。

要旨

1. 被虐待的未成年人，因年幼无法行使告诉权利的，属于刑法第二百六十条第三款规定的"被害人没有能力告诉"的情形，应当按照公诉案件处理，由检察机关提起公诉，并可以依法提出适用禁止令的建议。

2. 抚养人对未成年人未尽抚养义务，实施虐待或者其他严重侵害未成年人合法权益的行为，不适宜继续担任抚养人的，检察机关可以支持未成年人或者其他监护人向人民法院提起变更抚养权诉讼。

基本案情

被告人于某，女，1986 年 5 月出生，无业。

2016年9月以来，因父母离婚，父亲丁某常年在外地工作，被害人小田（女，11岁）一直与继母于某共同生活。于某以小田学习及生活习惯有问题为由，长期、多次对其实施殴打。2017年11月21日，于某又因小田咬手指甲等问题，用衣服撑、挠痒工具等对其实施殴打，致小田离家出走。小田被爷爷找回后，经鉴定，其头部、四肢等多处软组织挫伤，身体损伤程度达到轻微伤等级。

检察机关指控与证明犯罪

2017年11月22日，网络披露11岁女童小田被继母虐待的信息，引起舆论关注。某市某区人民检察院未成年人检察部门的检察人员得知信息后，会同公安机关和心理咨询机构的人员对被害人小田进行询问和心理疏导。通过调查发现，其继母于某存在长期、多次殴打小田的行为，涉嫌虐待罪。本案被害人系未成年人，没有向人民法院告诉的能力，也没有近亲属代为告诉。检察机关建议公安机关对于某以涉嫌虐待罪立案侦查。11月24日，公安机关作出立案决定。次日，犯罪嫌疑人于某投案自首。2018年4月26日，公安机关以于某涉嫌虐待罪向检察机关移送审查起诉。

审查起诉阶段，某区人民检察院依法讯问了犯罪嫌疑人，听取了被害人及其法定代理人的意见，核实了案件事实与证据。检察机关经审查认为，犯罪嫌疑人供述与被害人陈述能够相互

印证，并得到其他家庭成员的证言证实，能够证明于某长期、多次对被害人进行殴打，致被害人轻微伤，属于情节恶劣，其行为涉嫌构成虐待罪。

2018年5月16日，某区人民检察院以于某犯虐待罪对其提起公诉。5月31日，该区人民法院适用简易程序开庭审理本案。

法庭调查阶段，公诉人宣读起诉书，指控被告人于某虐待家庭成员，情节恶劣，应当以虐待罪追究其刑事责任。被告人对起诉书指控的犯罪事实及罪名无异议。

法庭辩论阶段，公诉人发表公诉意见：被告人于某虐待未成年家庭成员，情节恶劣，其行为触犯了《中华人民共和国刑法》第二百六十条第一款，犯罪事实清楚，证据确实、充分，应当以虐待罪追究其刑事责任。被告人于某案发后主动投案，如实供述自己的犯罪行为，系自首，可以从轻或者减轻处罚。综合法定、酌定情节，建议在有期徒刑六个月至八个月之间量刑。考虑到被告人可能被宣告缓刑，公诉人向法庭提出应适用禁止令，禁止被告人于某再次对被害人实施家庭暴力。

最后陈述阶段，于某表示对检察机关指控的事实和证据无异议，并当庭认罪。

法庭经审理，认为公诉人指控的罪名成立，出示的证据能够相互印证，提出的量刑建议适当，予以采纳。当庭作出一审判决，认定被告人于某犯虐待罪，判处有期徒刑六个月，缓刑一年。禁止被告人于某再次对被害人实施家庭暴力。一审宣判后，被告人未上诉，判决已生效。

检察机关支持提起变更抚养权诉讼

某市某区人民检察院在办理本案中发现，2015年9月，小田的亲生父母因感情不和协议离婚，约定其随父亲生活。小田的父亲丁某于2015年12月再婚。丁某长期在外地工作，没有能力亲自抚养被害人。检察人员征求小田生母武某的意见，武某愿意抚养小田。检察人员支持武某到人民法院起诉变更抚养权。2018年1月15日，小田生母武某向某市某区人民法院提出变更抚养权诉讼。法庭经过调解，裁定变更小田的抚养权，改由生母武某抚养，生父丁某给付抚养费至其独立生活为止。

指导意义

《中华人民共和国刑法》第二百六十条规定，虐待家庭成员，情节恶劣的，告诉的才处理，但被害人没有能力告诉，或者因受到强制、威吓无法告诉的除外。**虐待未成年人犯罪案件中，未成年人往往没有能力告诉，应按照公诉案件处理，由检察机关提起公诉，维护未成年被害人的合法权利。**

《最高人民法院、最高人民检察院、公安部、司法部关于对判处管制、宣告缓刑的犯罪分子适用禁止令有关问题的规定

（试行）》第七条规定，人民检察院在提起公诉时，对可能宣告缓刑的被告人，可以建议禁止其从事特定活动，进入特定区域、场所，接触特定的人。对未成年人遭受家庭成员虐待的案件，结合犯罪情节，**检察机关可以在提出量刑建议的同时，有针对性地向人民法院提出适用禁止令的建议**，禁止被告人再次对被害人实施家庭暴力，依法保障未成年人合法权益，督促被告人在缓刑考验期内认真改造。

夫妻离婚后，与未成年子女共同生活的一方不尽抚养义务，对未成年人实施虐待或者其他严重侵害合法权益的行为，不适宜继续担任抚养人的，根据《中华人民共和国民事诉讼法》第十五条的规定，**检察机关可以支持未成年人或者其他监护人向人民法院提起变更抚养权诉讼**，切实维护未成年人合法权益。

相关规定

《中华人民共和国刑法》第七十二条、第二百六十条

《中华人民共和国未成年人保护法》第五十条

《中华人民共和国民事诉讼法》第十五条

《最高人民法院、最高人民检察院、公安部、民政部关于依法处理监护人侵害未成年人权益行为若干问题的意见》第二条、第十四条

《最高人民法院、最高人民检察院、公安部、司法部关于依法办理家庭暴力犯罪案件的意见》第九条、第十七条

《最高人民法院、最高人民检察院、公安部、司法部关于对判处管制、宣告缓刑的犯罪分子适用禁止令有关问题的规定（试行）》第七条

延伸阅读

问：虐待犯罪属于家庭成员之间的犯罪，因此，法律规定对虐待犯罪案件一般情况下"告诉的才处理"，此类案件属于自诉案件。但检察机关为何对这个案件提起了公诉而且建议法院对于某判处了禁止令？

答：于某虐待案中，11 岁的被害人小田因父母离婚，父亲丁某常年在外地工作，一直与继母于某共同生活。于某以小田学习及生活习惯有问题为由，长期、多次对其实施殴打，致小田离家出走。案发以后，经鉴定，小田头部、四肢等多处软组织挫伤，身体损伤程度达到轻微伤等级。网络披露该案信息后，引起舆论关注。当地检察机关会同公安机关和心理咨询机构的人员对被害人小田进行询问和心理疏导，通过调查发现，其继母于某存在长期、多次殴打小田的行为，涉嫌虐待罪。由于本案被害人系未成年人，没有向人民法院告诉的能力，也没有近亲属代为告诉。检察机关建议公安机关对于某以涉嫌虐待罪立案侦查。2017 年 11 月 24 日，公安机关作出立案决定。次日，犯罪嫌疑人于某投案自首。2018 年 4 月 26 日，公安机关以于某涉嫌虐待罪向检察机关移送审查起诉。在法庭审理阶段，公

诉人提出量刑建议时，考虑到被告人可能被宣告缓刑，向法庭提出应适用禁止令，禁止被告人于某再次对被害人实施家庭暴力。法院经审理，认定被告人于某犯虐待罪，判处有期徒刑六个月，缓刑一年。禁止被告人于某再次对被害人实施家庭暴力。

根据刑法规定，虐待犯罪一般情况下是告诉的才处理，但刑法同时也规定"被害人没有能力告诉，或者因受到强制、威吓无法告诉的除外"。而本案的指导意义在于，被虐待的未成年人，往往因年幼无法行使告诉权利，属于刑法第二百六十条

第三款规定的"被害人没有能力告诉"的情形，应当按照公诉案件处理，以及时保护未成年被害人的权利。同时，《最高人民法院、最高人民检察院、公安部、司法部关于对判处管制、宣告缓刑的犯罪分子适用禁止令有关问题的规定（试行）》第七条规定，人民检察院在提起公诉时，对可能宣告缓刑的被告人，可以建议禁止其从事特定活动，进入特定区域、场所，接触特定的人。对未成年人遭受家庭成员虐待的案件，结合犯罪情节，检察机关可以在提出量刑建议的同时，有针对性地向人民法院提出适用禁止令的建议，禁止被告人再次对被害人实施家庭暴力，依法保障未成年人合法权益，督促被告人在缓刑考验期内认真改造。

问：检察机关除了指控继母于某的犯罪外，还支持小田的母亲申请法院判决把小田的抚养权变更为母亲行使，这种做法有什么意义？

答：检察机关在办理本案中发现，2015 年 9 月，小田的亲生父母因感情不和协议离婚，约定其随父亲生活。小田的父亲丁某于 2015 年 12 月再婚。丁某长期在外地工作，没有能力亲自抚养被害人。检察人员征求小田生母武某的意见，武某愿意抚养小田。检察人员支持武某到人民法院起诉变更抚养权。2018 年 1 月 15 日，小田生母武某向某市某区人民法院提出变更抚养权诉讼。法庭经过调解，裁定变更小田的抚养权，改由生母武某抚养，生父丁某给付抚养费至其独立生活为止。

这个案件体现了检察机关对未成年人合法权益提供全面综合有效司法保护的做法。检察机关不仅要依法严厉打击侵害未成年人犯罪，还要注重保护涉案未成年人的民事权益，帮助被害人改善生存、家庭、教育环境，以保障未成年人健康成长。本案的指导意义在于，夫妻离婚后，与未成年子女共同生活的一方不尽抚养义务，对未成年人实施虐待或者其他严重侵害合法权益的行为，不适宜继续担任监护人的，根据《中华人民共和国民事诉讼法》第十五条的规定，检察机关可以支持未成年人或者其他监护人向人民法院提起变更抚养权诉讼，切实维护未成年人合法权益。

发出检察建议推动校园安全建设

严重危害校园安全的行为，仅仅依靠事后打击是不够的。除了通过下发指导案例促进各级检察机关依法履行法律监督职责，提高司法办案水平之外，各级检察院还通过适时提出检察建议的方式，进一步推动校园安全建设，预防侵害未成年人合法权益特别是性侵、虐待未成年人违法犯罪案件的发生。

最高人民检察院已向教育部发出《中华人民共和国最高人民检察院检察建议书》，建议有针对性地加强顶层设计，进一步健全完善预防性侵害幼儿园儿童和中小学学生的制度机制，加强对校园预防性侵害相关制度落实情况的监督检查，依法严肃处理有关违法违纪人员。 该检察建议得到了教育部高度重视。最高检向教育部发出检察建议后，各省级检察院也将这份检察建议书抄送本省教育主管部门及主管省（区、市）领导，同时报送了本省检察机关开展未成年人保护工作情况。多个检察院很快收到了该省（区、市）领导重要批示及教育部门的落实反馈意见。

未成年人司法保护之路任重道远，检察机关将立足监督职责，继续与社会各界携手，不断加大惩治和预防侵害未成年人犯罪力度，努力保护未成年人合法权益，全力呵护未成年人健康成长。

正当防卫篇

——最高人民检察院第十二批指导性案例

近年来，正当防卫问题引发社会广泛关注，起因虽是孤立个案，但却反映了新时代人民群众对民主、法治、公平、正义、安全的普遍诉求。对此，明确正当防卫的界限标准，回应群众关切，是当前司法机关一项突出和紧迫的任务。

2018年12月19日，最高人民检察院发布第十二批指导性案例，专门阐释正当防卫的界限和把握标准，进一步明确对正当防卫权的保护，积极解决正当防卫适用中存在的突出问题，为检察机关提供司法办案参考。

这四个案例既是正当防卫的指导性案例，也是检察机关以法治手段维护社会主义核心价值观的指导性案例。检察机关专门发布这些指导性案例，目的就在于进一步惩恶扬善，弘扬正气，保护见义勇为，向社会释放正能量。

陈某正当防卫案

——人身受到不法侵害可实施正当防卫

（检例第 45 号）

检察办案理念

法律允许防卫人对不法侵害人造成一定损害，甚至可以致伤、致死，这不仅可以有效震慑不法侵害人甚至潜在犯罪人，而且可以鼓励人民群众勇于同违法犯罪作斗争，体现"正义不向非正义低头"的价值取向。陈某正当防卫案的办理结果，进一步明确对正当防卫权的保护，目的就在于弘扬社会主义核心价值观，惩恶扬善，弘扬正气，保护见义勇为，向社会释放正能量。

陈某正当防卫案除集中围绕正当防卫这一主题外，也体现了依法履行法律监督职能的检察特色，从审查逮捕角度体现了检察机关在办案中监督、在监督中办案的理念和成效。

检察职能体现

陈某正当防卫案体现出检察机关坚持司法定力，依法独立行使批捕权。批准逮捕是宪法和法律赋予检察机关的一项重要职权，是有效惩治犯罪、防止冤假错案的重要关口。检察机关对公安机关提请逮捕的案件，应当严格把握逮捕条件，排除干扰，依法独立作出是否批准逮捕的决定。

本案中，检察机关敢于担当、果断决定，彰显和宣扬了司法机关的公平正义导向，有力维护了法律的尊严。检察机关在对本案作出不批准逮捕决定的同时，为实现"三个效果"的统一，还制定了周密的释法说理方案，由办案部门检察官用人民群众听得懂的语言，从公平正义、伦理道德等方面阐述案情，在朴素的正义观上与当事人亲属寻求同频共振，检察机关的处理决定获得了当事人亲属的高度认可和支持。

★ 要旨

在被人殴打、人身权利受到不法侵害的情况下，防卫行为虽然造成了重大损害的客观后果，但是防卫措施并未明显超过必要限度的，不属于防卫过当，依法不负刑事责任。

▐▐▐ 基本案情

陈某，未成年人，某中学学生。

2016年1月初，因陈某在甲的女朋友的网络空间留言示好，甲纠集乙等人，对陈某实施了殴打。

1月10日中午，甲、乙、丙等6人（均为未成年人），在陈某就读的中学门口，见陈某从大门走出，有人提议陈某向老师告发他们打架，要去问个说法。甲等人尾随一段路后拦住陈某质问，陈某解释没有告状，甲等人不肯罢休，抓住并围殴陈某。乙的3位朋友（均为未成年人）正在附近，见状加入围殴陈某。其中，有人用膝盖顶击陈某的胸口、有人持石块击打陈某的手臂、有人持钢管击打陈某的背部，其他人对陈某或勒脖子或拳打脚踢。陈某掏出随身携带的折叠式水果刀（刀身长8.5厘米，不属于管制刀具），乱挥乱刺后逃脱。部分围殴人员继续追打并从后投掷石块，击中陈某的背部和腿部。陈某逃进学校，追打人员被学校保安拦住。陈某在反击过程中刺中了甲、乙和丙，经鉴定，该3人的损伤程度均构成重伤二级。陈某经人身检查，见身体多处软组织损伤。

案发后，陈某所在学校向司法机关提交材料，证实陈某遵守纪律、学习认真、成绩优秀，是一名品学兼优的学生。

公安机关以陈某涉嫌故意伤害罪立案侦查，并对其采取刑事拘留强制措施，后提请检察机关批准逮捕。检察机关根据审查认定的事实，依据刑法第二十条第一款的规定，认为陈某的行为属于正当防卫，不负刑事责任，决定不批准逮捕。公安机关将陈某释放同时要求复议。检察机关经复议，维持原决定。

检察机关在办案过程中积极开展释法说理工作，甲等人的亲属在充分了解事实经过和法律规定后，对检察机关的处理决定表示认可。

检察机关作出不批准逮捕决定的理由

公安机关认为，陈某的行为虽有防卫性质，但已明显超过必要限度，属于防卫过当，涉嫌故意伤害罪。检察机关则认为，陈某的防卫行为没有明显超过必要限度，不属于防卫过当，不构成犯罪。主要理由如下：

第一，陈某面临正在进行的不法侵害，反击行为具有防卫性质。任何人面对正在进行的不法侵害，都有予以制止、依法实施防卫的权利。本案中，甲等人借故拦截陈某并实施围殴，属于正在进行的不法侵害，陈某的反击行为显然具有防卫性质。

第二，陈某随身携带刀具，不影响正当防卫的认定。对认定正当防卫有影响的，并不是防卫人携带了可用于自卫的工具，而是防卫人是否有相互斗殴的故意。陈某在事前没有与对方约架斗殴的意图，被拦住后也是先解释退让，最后在遭到对方围打时才被迫还手，其随身携带水果刀，无论是日常携带还是事先有所防备，都不影响对正当防卫作出认定。

第三，陈某的防卫措施没有明显超过必要限度，不属于防卫过当。陈某的防卫行为致实施不法侵害的 3 人重伤，客观上造成了重大损害，但防卫措施并没有明显超过必要限度。陈某被 9 人围住殴打，其中有人使用了钢管、石块等工具，双方实力相差悬殊，陈某借助水果刀增强防卫能力，在手段强度上合情合理。并且，对方在陈某逃脱时仍持续追打，共同侵害行为没有停止，所以就制止整体不法侵害的实际需要来看，陈某持刀挥刺也没有不相适应之处。综合来看，陈某的防卫行为虽有致多人重伤的客观后果，但防卫措施没有明显超过必要限度，依法不属于防卫过当。

✳ 指导意义

刑法第二十条第一款规定，"为了使国家、公共利益、本人或者他人的人身、财产和其他权利免受正在进行的不法侵害，而采取的制止不法侵害的行为，对不法侵害人造成损害的，属于正当防卫，不负刑事责任"。司法实践通常称这种正当防卫为"一般防卫"。

一般防卫有限度要求，超过限度的属于防卫过当，需要负刑事责任。刑法规定的限度条件是"明显超过必要限度造成重大损害"，具体而言，**行为人的防卫措施虽明显超过必要限度但防卫结果客观上并未造成重大损害，或者防卫结果虽客观上造成重大损害但防卫措施并未明显超过必要限度，均不能认定为防卫过当**。本案中，陈某为了保护自己的人身安全而持刀反击，就所要保护的权利性质以及与侵害方的手段强度比较来看，不能认为防卫措施明显超过了必要限度，所以即使防卫结果在客观上造成了重大损害，也不属于防卫过当。

正当防卫既可以是为了保护自己的合法权益，也可以是为了保护他人的合法权益。中华人民共和国未成年人保护法第六条第二款也规定，"对侵犯未成年人合法权益的行为，任何组织和个人都有权予以劝阻、制止或者向有关部门提出检举或者控告"。对于未成年人正在遭受侵害的，任何人都有权介入保护，成年人更有责任予以救助。但是，冲突双方均为未成年人的，成年人介入时，应当优先选择劝阻、制止的方式；劝阻、制止无效的，在隔离、控制或制服侵害人时，应当注意手段和行为强度的适度。

检察机关办理正当防卫案件遇到争议时，应当根据《最高人民检察院关于实行检察官以案释法制度的规定》，适时、主动进行释法说理工作。对事实认定、法律适用和办案程序等问题进行答疑解惑，开展法治宣传教育，保障当事人和其他诉讼参与人的合法权利，努力做到案结事了。

人民检察院审查逮捕时，应当严把事实关、证据关和法律适用关。根据查明的事实，犯罪嫌疑人的行为属于正当防卫，不负刑事责任的，应当依法作出不批准逮捕的决定，保障无罪的人不受刑事追究。

📖 相关规定

《中华人民共和国刑法》第二十条

《中华人民共和国刑事诉讼法》第九十条、第九十二条

📚 延伸阅读

问：如何区分正当防卫与防卫过当的界限？

答：正当防卫是指为了保护国家、公共利益、本人或者他人的人身、财产和其他权利免受正在进行的不法侵害，采取对不法侵害人造成或者可能造成损害的制止行为。正当防卫分为一般防卫和特殊防卫。针对正在进行的严重危及人身安全的暴力犯罪所进行的防卫，是特殊防卫，不存在防卫过当的问题；针对此外的其他不法侵害所进行的防卫，是一般防卫，存在可能的防卫过当问题，明显超过必要限度造成重大损害的，是防卫过当，要负刑事责任。所以，认定是否正当防卫的焦点问题，就是"什么是严重危及人身安全的暴力犯罪"，"如果不属于这种暴力犯罪，那么反击的限度又在哪里"。这在具体案件判断上确实是比较复杂的。

朱凤山故意伤害（防卫过当）案
——合理界定防卫过当

（检例第 46 号）

检察办案理念

法律允许防卫人对不法侵害人造成一定损害，甚至可以致伤、致死，这不仅可以有效震慑不法侵害人甚至潜在犯罪人，而且可以鼓励人民群众勇于同违法犯罪作斗争，体现"正义不向非正义低头"的价值取向。朱凤山故意伤害案的办理结果，进一步明确对正当防卫权的保护，目的就在于弘扬社会主义核心价值观，惩恶扬善，弘扬正气，保护见义勇为，向社会释放正能量。

朱凤山故意伤害（防卫过当）案除集中围绕正当防卫这一主题外，也体现了依法履行法律监督职能的检察特色，从二审检察的角度体现了检察机关在办案中监督、在监督中办案的理念和成效。

检察职能体现

朱凤山故意伤害（防卫过当）案体现出检察机关强化法律

监督，勇于纠错担当。检察机关对刑事判决、裁定是否正确进行监督，上级检察院对下级检察院的起诉指控是否正确进行监督，是维护司法公正、保障诉讼参与人合法权利的重要举措。对提起公诉和一审判决存在的错误予以纠正，既是检察机关实施法律监督义不容辞的职责，也是直面问题、勇于纠错担当的体现。同时，在办案过程中，还必须高度重视犯罪嫌疑人、被告人及其辩护人提出的正当防卫或防卫过当的意见，对于所提意见成立的，应当及时予以采纳或支持，依法保障当事人的合法权利。

本案中，一审公诉、判决均没有认定防卫性质，检察机关二审审查认为，朱凤山及其辩护人所提防卫过当的意见是成立的，在二审出庭时依法发表了纠正意见，并得到了二审法院的支持。

★ 要旨

在民间矛盾激化过程中，对正在进行的非法侵入住宅、轻微人身侵害行为，可以进行正当防卫，但防卫行为的强度不具有必要性并致不法侵害人重伤、死亡的，属于明显超过必要限度造成重大损害，应当负刑事责任，但是应当减轻或者免除处罚。

基本案情

朱凤山，男，1961 年 5 月 6 日出生，农民。

朱凤山之女朱某与齐某系夫妻，朱某于 2016 年 1 月提起离婚诉讼并与齐某分居，朱某带女儿与朱凤山夫妇同住。齐某不同意离婚，为此经常到朱凤山家吵闹。4 月 4 日，齐某在吵闹过程中，将朱凤山家门窗玻璃和朱某的汽车玻璃砸坏。朱凤山为防止齐某再进入院子，将院子一侧的小门锁上并焊上铁窗。5 月 8 日 22 时许，齐某酒后驾车到朱凤山家，欲从小门进入院子，未得逞后在大门外叫骂。朱某不在家中，仅朱凤山夫妇带外孙女在家。朱凤山将情况告知齐某，齐某不肯作罢。朱凤山又分别给邻居和齐某的哥哥打电话，请他们将齐某劝离。在邻居的劝说下，齐某驾车离开。23 时许，齐某驾车返回，站在汽车引擎盖上摇晃、攀爬院子大门，欲强行进入，朱凤山持铁叉阻拦后报警。齐某爬上院墙，在墙上用瓦片掷砸朱凤山。朱凤山躲到一边，并从屋内拿出宰羊刀防备。随后齐某跳入院内徒手与朱凤山撕扯，朱凤山刺中齐某胸部一刀。朱凤山见齐某受伤把大门打开，民警随后到达。齐某因主动脉、右心房及肺脏被刺破致急性大失血死亡。朱凤山在案发过程中报警，案发后在现场等待民警抓捕，属于自动投案。

一审阶段，辩护人提出朱凤山的行为属于防卫过当，公诉人认为朱凤山的行为不具有防卫性质。一审判决认定，根据朱凤山与齐某的关系及具体案情，齐某的违法行为尚未达到朱凤山必须通过持刀刺扎进行防卫制止的程度，朱凤山的行为不具有防卫性质，不属于防卫过当；朱凤山自动投案后如实供述主要犯罪事实，系自首，依法从轻处罚，朱凤山犯故意伤害罪，判处有期徒刑十五年，剥夺政治权利五年。

朱凤山以防卫过当为由提出上诉。河北省人民检察院二审出庭认为，根据查明的事实，依据《中华人民共和国刑法》第二十条第二款的规定，朱凤山的行为属于防卫过当，应当负刑事责任，但是应当减轻或者免除处罚，朱凤山的上诉理由成立。河北省高级人民法院二审判决认定，朱凤山持刀致死被害人，属防卫过当，应当依法减轻处罚，对河北省人民检察院的出庭意见予以支持，判决撤销一审判决的量刑部分，改判朱凤山有期徒刑七年。

检察机关二审审查和出庭意见

检察机关二审审查认为，朱凤山及其辩护人所提防卫过当的意见成立，一审公诉和判决对此未作认定不当，属于适用法律错误，二审应当作出纠正，并据此发表了出庭意见。主要意见和理由如下：

第一，齐某的行为属于正在进行的不法侵害。齐某与朱某已经分居，齐某当晚的行为在时间、方式上也显然不属于探视子女，故在朱凤山拒绝其进院后，其摇晃、攀爬大门并跳入院内，属于非法侵入住宅。齐某先用瓦片掷砸随后进行撕扯，侵犯了朱凤山的人身权利。齐某的这些行为，均属于正在进行的不法侵害。

第二，朱凤山的行为具有防卫的正当性。齐某的行为从吵闹到侵入住宅、侵犯人身，呈现升级趋势，具有一定的危险性。齐某经人劝离后再次返回，执意在深夜时段实施侵害，不法行为具有一定的紧迫性。朱凤山先是找人规劝，继而报警求助，始终没有与齐某斗殴的故意，提前准备工具也是出于防卫的目的，因此其反击行为具有防卫的正当性。

第三，朱凤山的防卫行为明显超过必要限度造成重大损害，属于防卫过当。齐某上门闹事、滋扰的目的是不愿离婚，希望能与朱某和好继续共同生活，这与离婚后可能实施报复的行为有很大区别。齐某虽实施了投掷瓦片、撕扯的行为，但整体仍在闹事的范围内，对朱凤山人身权利的侵犯尚属轻微，没有危及朱凤山及其家人的健康或生命的明显危险。朱凤山已经报警，也有继续周旋、安抚、等待的余地，但却选择使用刀具，在撕扯过程中直接捅刺齐某的要害部位，最终造成了齐某伤重死亡的重大损害。综合来看，朱凤山的防卫行为，在防卫措施的强度上不具有必要性，在防卫结果与所保护的权利对比上也相差悬殊，应当认定为明显超过必要限度造成重大损害，属于防卫过当，依法应当负刑事责任，但是应当减轻或者免除处罚。

✳ 指导意义

刑法第二十条第二款规定，"正当防卫明显超过必要限度造成重大损害的，应当负刑事责任，但是应当减轻或者免除处罚"。司法实践通常称本款规定的情况为"防卫过当"。

防卫过当中，重大损害是指造成不法侵害人死亡、重伤的后果，造成轻伤及以下损伤的不属于重大损害；明显超过必要限度是指，根据所保护的权利性质、不法侵害的强度和紧迫程度等综合衡量，防卫措施缺乏必要性，防卫强度与侵害程度对比也相差悬殊。司法实践中，重大损害的认定比较好把握，但明显超过必要限度的认定相对复杂，对此应当根据不法侵害的性质、手段、强度和危害程度，以及防卫行为的性质、手段、强度、时机和所处环境等因素，进行综合判断。本案中，朱凤山为保护住宅安宁和免受可能的一定人身侵害，而致侵害人丧失生命，就防卫与侵害的性质、手段、强度和结果等因素的对比来看，既不必要也相差悬殊，属于明显超过必要限度造成重大损害。

民间矛盾引发的案件极其复杂，涉及防卫性质争议的，应当坚持依法、审慎的原则，准确作出判断和认定，从而引导公民理性平和解决争端，避免在争议纠纷中不必要地使用武力。针对实践当中的常见情形，可注意把握以下几点：一是应作整体判断，即分清前因后果和是非曲直，根据查明的事实，当事人的行为具有防卫性质的，应当依法作出认定，不能惟结果论，也不能因矛盾暂时没有化解等因素而不去认定或不敢认定；二是对于近亲属之间发生的不法侵害，对防卫强度必须结合具体案情作出更为严格的限制；三是对于被害人有无过错与是否正在进行的不法侵害，应当通过细节的审查、补查，作出准确的区分和认定。

人民检察院办理刑事案件，必须高度重视犯罪嫌疑人、被告人及其辩护人所提正当防卫或防卫过当的意见，对于所提意见成立的，应当及时予以采纳或支持，依法保障当事人的合法权利。

相关规定

《中华人民共和国刑法》第二十条、第二百三十四条

《中华人民共和国刑事诉讼法》第二百三十五条

延伸阅读

问：正当防卫适用中，对防卫界限和"度"的把握，有哪些需要重点注意的问题？

答：正当防卫的"度"在实践中如何把握，需要特别注意以下几点：

第一，权利不能滥用，"过"与"不及"均非司法之追求。

一方面，对法与不法明确的犯罪、反击型案件，要鼓励大胆适用正当防卫，纠正以往常被视作"正常"的保守惯性，避免对防卫行为作过苛、过严要求；另一方面，司法实践也不能矫枉过正，防止"一刀切""简单化"。要坚持具体案件具体分析，常见的比如客观上不存在非法侵害行为，误以为有侵害而"假想防卫"；或者故意引起对方侵害而乘机以"防卫"为借口侵害对方的"挑拨防卫"；以及侵害行为已经过去而实施报复的"事后防卫"，都不是刑法规定的正当防卫，这些行为可能构成犯罪，要承担刑事责任。

第二，在一般防卫中，要注意防卫措施的强度应当具有必要性。若防卫措施的强度与侵害的程度相差悬殊，则成立防卫过当，要负刑事责任。这次发布的朱凤山案和此前社会关注的于欢案，防卫过当的问题比较明显，这两个案件都是为了制止一般侵害，而持刀捅刺侵害人要害部位，最终造成了侵害人重伤、死亡的重大损害，就防卫与侵害的性质、手段、强度和结果等因素的比较来看，既不必要也相差悬殊，因而成立防卫过当，应当负刑事责任。

第三，对于婚姻家庭、邻里纠纷等民间矛盾引发的侵害行为，以及亲属之间发生的侵害行为，在认定防卫性质时要仔细分辨。对于仗势欺人、借离婚退婚等日常矛盾寻衅报复的，对防卫人的防卫权要依法保护，也要敢于认定；对于互有过错，由一般性争执升级演变为不法侵害的，应当查明细节，分清前因后果和是非曲直，审慎作出认定。

于海明正当防卫案

——明确特殊防卫中"行凶"的认定标准

（检例第 47 号）

检察办案理念

激活正当防卫制度，彰显依法防卫者优先保护理念。在防卫者和不法侵害者的人权保障冲突时，利益保护的天平倾向于防卫者，这既合乎国法，也合乎天理、人情。于海明正当防卫案，是刘某交通违章在先，寻衅滋事在先，持刀攻击在先。如果在事实和价值上不作出对于海明有利的选择和认定，不仅难以警示恶意滋事者，更会在未来使公民不敢行使正当防卫权，还会导致公民面对凶残暴徒时畏手畏脚。本案认定为正当防卫，可以破除这种错误认识，具有倡导社会良好风尚、弘扬正气的现实价值。

除集中围绕正当防卫这一主题外，于海明案也体现了依法履行法律监督职能的检察特色，从审查起诉角度体现了检察机关在办案中监督、在监督中办案的理念和成效。

🏢 检察职能体现

于海明正当防卫案针对的是特殊防卫的问题，明确了"行凶"的认定标准。同时，检察机关提前介入侦查，确保案件准确定性。本案中，公安机关第一时间听取检察机关的意见，检察机关为此组织精干力量，进行了充分的论证和研究。这起案件的处理，充分体现了执法办案机关的准确执法和敢于担当，这对于今后的执法办案工作有深远的影响。

🎗 要旨

对于犯罪故意的具体内容虽不确定，但足以严重危及人身安全的暴力侵害行为，应当认定为刑法第二十条第三款规定的"行凶"。行凶已经造成严重危及人身安全的紧迫危险，即使没有发生严重的实害后果，也不影响正当防卫的成立。

❚❚❚ 基本案情

于海明，男，1977 年 3 月 18 日出生，某酒店业务经理。

2018 年 8 月 27 日 21 时 30 分许，于海明骑自行车在江苏省昆山市震川路正常行驶，刘某醉酒驾驶小轿车（经检测，血液酒精含量 87mg/100ml），向右强行闯入非机动车道，与于海明险些碰擦。刘某的一名同车人员下车与于海明争执，经同行人员劝解返回时，刘某突然下车，上前推搡、踢打于海明。虽经劝解，刘某仍持续追打，并从轿车内取出一把砍刀（系管制刀具），连续用刀面击打于海明颈部、腰部、腿部。刘某在击打过程中将砍刀甩脱，于海明抢到砍刀，刘某上前争夺，在争夺中于海明捅刺刘某的腹部、臀部，砍击其右胸、左肩、左肘。刘某受伤后跑向轿车，于海明继续追砍 2 刀均未砍中，其中 1 刀砍中轿车。刘某跑离轿车，于海明返回轿车，将车内刘某的手机取出放入自己口袋。民警到达现场后，于海明将手机和砍刀交给处警民警（于海明称，拿走刘某的手机是为了防止对方打电话召集人员报复）。刘某逃离后，倒在附近绿化带内，后经送医抢救无效，因腹部大静脉等破裂致失血性休克于当日死亡。于海明经人身检查，见左颈部条形挫伤 1 处、左胸季肋部条形挫伤 1 处。

8 月 27 日当晚公安机关以"于海明故意伤害案"立案侦查，8 月 31 日公安机关查明了本案的全部事实。9 月 1 日，江苏省昆山市公安局根据侦查查明的事实，依据《中华人民共和国刑法》第二十条第三款的规定，认定于海明的行为属于正当防卫，不负刑事责任，决定依法撤销于海明故意伤害案。其间，公安机关依据相关规定，听取了检察机关的意见，昆山市人民检察院同意公安机关的撤销案件决定。

🔍 检察机关的意见和理由

检察机关的意见与公安机关的处理意见一致，具体论证情况和理由如下：

第一，关于刘某的行为是否属于"行凶"的问题。在论证过程中有意见提出，刘某仅使用刀面击打于海明，犯罪故意的具体内容不确定，不宜认定为行凶。论证后认为，对行凶的认定，应当遵循刑法第二十条第三款的规定，以"严重危及人身安全的暴力犯罪"作为把握的标准。刘某开始阶段的推搡、踢打行为不属于"行凶"，但从持砍刀击打后，行为性质已经升级为暴力犯罪。刘某攻击行为凶狠，所持凶器可轻易致人死伤，随着事态发展，接下来会造成什么样的损害后果难以预料，于海明的人身安全处于现实的、急迫的和严重的危险之下。刘某具体抱持杀人的故意还是伤害的故意不确定，正是许多行凶行为的特征，而不是认定的障碍。因此，刘某的行为符合"行凶"的认定标准，应当认定为"行凶"。

第二，关于刘某的侵害行为是否属于"正在进行"的问题。在论证过程中有意见提出，于海明抢到砍刀后，刘某的侵害行为已经结束，不属于正在进行。论证后认为，判断侵害行为是否已经结束，应看侵害人是否已经实质性脱离现场以及是否还有继续攻击或再次发动攻击的可能。于海明抢到砍刀后，刘某立刻上前争夺，侵害行为没有停止，刘某受伤后又立刻跑向之前藏匿砍刀的汽车，于海明此时作不间断的追击也符合防卫的需要。于海明追砍两刀均未砍中，刘某从汽车旁边跑开后，于海明也未再追击。因此，在于海明抢得砍刀顺势反击时，刘某既未放弃攻击行为也未实质性脱离现场，不能认为侵害行为已经停止。

第三，关于于海明的行为是否属于正当防卫的问题。在论证过程中有意见提出，于海明本人所受损伤较小，但防卫行为却造成了刘某死亡的后果，二者对比不相适应，于海明的行为属于防卫过当。论证后认为，不法侵害行为既包括实害行为也包括危险行为，对于危险行为同样可以实施正当防卫。认为"于海明与刘某的伤情对比不相适应"的意见，只注意到了实害行为而忽视了危险行为，这种意见实际上是要求防卫人应等到暴力犯罪造成一定的伤害后果才能实施防卫，这不符合及时制止犯罪、让犯罪不能得逞的防卫需要，也不适当地缩小了正当防卫的依法成立范围，是不正确的。本案中，在刘某的行为因具有危险性而属于"行凶"的前提下，于海明采取防卫行为致其死亡，依法不属于防卫过当，不负刑事责任，于海明本人是否受伤或伤情轻重，对正当防卫的认定没有影响。公安机关认定于海明的行为系正当防卫，决定依法撤销案件的意见，完全正确。

✦ 指导意义

刑法第二十条第三款规定，"对正在进行行凶、杀人、抢劫、强奸、绑架以及其他严重危及人身安全的暴力犯罪，采取防卫行为，造成不法侵害人伤亡的，不属于防卫过当，不负刑事责任"。司法实践通常称这种正当防卫为"特殊防卫"。

刑法作出特殊防卫的规定，目的在于进一步体现"法不能向不法让步"的秩序理念，同时肯定防卫人以对等或超过的强度予以反击，即使造成不法侵害人伤亡，也不必顾虑可能成立防卫过当因而构成犯罪的问题。司法实践中，如果面对不法侵害人"行凶"性质的侵害行为，仍对防卫人限制过苛，不仅有违立法本意，也难以取得制止犯罪，保护公民人身权利不受侵害的效果。

适用本款规定，"行凶"是认定的难点，对此应当把握以下两点：**一是必须是暴力犯罪，**对于非暴力犯罪或一般暴力行为，不能认定为行凶；**二是必须严重危及人身安全，即对人的生命、健康构成严重危险**。在具体案件中，有些暴力行为的主观故意尚未通过客观行为明确表现出来，或者行为人本身就是持概括故意予以实施，这类行为的故意内容虽不确定，但已表现出多种故意的可能，其中只要有现实可能造成他人重伤或死亡的，均应当认定为"行凶"。

正当防卫以不法侵害正在进行为前提。所谓正在进行，是指不法侵害已经开始但尚未结束。不法侵害行为多种多样、性质各异，判断是否正在进行，应就具体行为和现场情境作具体分析。判断标准不能机械地对刑法上的着手与既遂作出理解、判断，因为着手与既遂侧重的是侵害人可罚性的行为阶段问题，而侵害行为正在进行，侧重的是防卫人的利益保护问题。所以，不能要求不法侵害行为已经加诸被害人身上，只要不法侵害的现实危险已经迫在眼前，或者已达既遂状态但侵害行为没有实施终了的，就应当认定为正在进行。

需要强调的是，**特殊防卫不存在防卫过当的问题，因此不能作宽泛的认定**。对于因民间矛盾引发、不法与合法对立不明显以及夹杂泄愤报复成分的案件，在认定特殊防卫时应当十分慎重。

相关规定

《中华人民共和国刑法》第二十条

延伸阅读

问：检察机关选取社会广泛关注的昆山于海明正当防卫案作为指导性案例的初衷是什么？

答：最高人民检察院发布指导性案例，也是开展检察官以案释法，强化法治宣传教育，在检察环节落实"谁司法谁普法"的普法责任制的具体举措。

激活正当防卫制度，彰显依法防卫者优先保护理念。我国关于正当防卫的立法已经相对比较完整，只要树立正确理念，正确贯彻执行，强化责任担当，就可以充分激活实践中一些地方正当防卫制度实际"沉睡"的问题。在防卫者和不法侵害者的人权保障冲突时，利益保护的天平倾向于防卫者，这既合乎国法，也合乎天理、人情。比如，于海明正当防卫案，是刘某交通违章在先，寻衅滋事在先，持刀攻击在先。如果在事实和价值上不作出对于海明有利的选择和认定，不仅难以警示恶意滋事者，更会在未来使公民不敢行使正当防卫权，还会导致公民面对凶残暴徒时畏手畏脚。本案认定为正当防卫，可以破除这种错误认识，具有倡导社会良好风尚、弘扬正气的现实价值。

侯雨秋正当防卫案
——正当防卫不能惟死亡结果论

（检例第 48 号）

检察办案理念

法律允许防卫人对不法侵害人造成一定损害，甚至可以致伤、致死，这不仅可以有效震慑不法侵害人甚至潜在犯罪人，而且可以鼓励人民群众勇于同违法犯罪作斗争，体现"正义不向非正义低头"的价值取向。侯雨秋正当防卫案的办理结果，进一步明确对正当防卫权的保护，目的就在于弘扬社会主义核心价值观，惩恶扬善，弘扬正气，保护见义勇为，向社会释放正能量。

严重危及人身安全的暴力犯罪行为在黑恶势力犯罪中比较多见，明确正当防卫的界限，对于深入推进扫黑除恶专项斗争，以及鼓励人民群众与黑恶势力犯罪作斗争均具有积极作用。

侯雨秋正当防卫案除集中围绕正当防卫这一主题外，也体现了依法履行法律监督职能的检察特色，从审查起诉角度体现了检察机关在办案中监督、在监督中办案的理念和成效。

▦ 检察职能体现

侯雨秋正当防卫案体现出检察机关坚守客观公正，依法正确行使不起诉权。审查起诉、不起诉、提起公诉、出庭支持公诉是人民检察院的基本职能。刑事诉讼法规定，检察机关在审查案件时，不仅要查明应当追究刑事责任的情形，依法提起公诉，还必须查明是否属于不应追究刑事责任的情形。对于符合刑法第二十条规定的，应当依法认定为正当防卫，并作出不起诉决定。

在办理侯雨秋正当防卫案时，尽管发生了死亡的后果，但检察机关没有惟结果论，在查明案件事实的基础上敢于担当，认定行为人构成正当防卫，并依法作出了不起诉决定。

✪ 要旨

单方聚众斗殴的，属于不法侵害，没有斗殴故意的一方可以进行正当防卫。单方持械聚众斗殴，对他人的人身安全造成严重危险的，应当认定为刑法第二十条第三款规定的"其他严重危及人身安全的暴力犯罪"。

▐▐▐ 基本案情

侯雨秋，男，1981年5月18日出生，务工人员。

侯雨秋系葛某经营的养生会所员工。2015年6月4日22时40分许，某足浴店股东沈某因怀疑葛某等人举报其店内有人卖淫嫖娼，遂纠集本店员工雷某、柴某等4人持棒球棍、匕首赶至葛某的养生会所。沈某先行进入会所，无故推翻大堂盆栽挑衅，与葛某等人扭打。雷某、柴某等人随后持棒球棍、匕首冲入会所，殴打店内人员，其中雷某持匕首两次刺中侯雨秋右大腿。其间，柴某所持棒球棍掉落，侯雨秋捡起棒球棍挥打，击中雷某头部致其当场倒地。该会所员工报警，公安人员赶至现场，将沈某等人抓获，并将侯雨秋、雷某送医救治。雷某经抢救无效，因严重颅脑损伤于6月24日死亡。侯雨秋的损伤程度构成轻微伤，该会所另有2人被打致轻微伤。

公安机关以侯雨秋涉嫌故意伤害罪，移送检察机关审查起诉。浙江省杭州市人民检察院根据审查认定的事实，依据《中华人民共和国刑法》第二十条第三款的规定，认为侯雨秋的行为属于正当防卫，不负刑事责任，决定对侯雨秋不起诉。

检察机关不起诉的理由

检察机关认为，本案沈某、雷某等人的行为属于刑法第二十条第三款规定的"其他严重危及人身安全的暴力犯罪"，侯雨秋对此采取防卫行为，造成不法侵害人之一雷某死亡，依法不属于防卫过当，不负刑事责任。主要理由如下：

第一，沈某、雷某等人的行为属于"其他严重危及人身安全的暴力犯罪"。判断不法侵害行为是否属于刑法第二十条第三款规定的"其他"犯罪，应当以本款列举的杀人、抢劫、强奸、绑架为参照，通过比较暴力程度、危险程度和刑法给予惩罚的力度等综合作出判断。本案沈某、雷某等人的行为，属于单方持械聚众斗殴，构成犯罪的法定最低刑虽然不重，与一般伤害罪相同，但刑法第二百九十二条同时规定，聚众斗殴，致人重伤、死亡的，依照刑法关于故意伤害致人重伤、故意杀人的规定定罪处罚。刑法作此规定表明，聚众斗殴行为常可造成他人重伤或者死亡，结合案件具体情况，可以判定聚众斗殴与故意致人伤亡的犯罪在暴力程度和危险程度上是一致的。本案沈某、雷某等共5人聚众持棒球棍、匕首等杀伤力很大的工具进行斗殴，短时间内已经打伤3人，应当认定为"其他严重危及人身安全的暴力犯罪"。

第二，侯雨秋的行为具有防卫性质。侯雨秋工作的养生会所与对方的足浴店，尽管存在生意竞争关系，但侯雨秋一方没有斗殴的故意，本案打斗的起因系对方挑起，打斗的地点也系在本方店内，所以双方攻击与防卫的关系清楚明了。沈某纠集雷某等人聚众斗殴属于正在进行的不法侵害，没有斗殴故意的侯雨秋一方可以进行正当防卫，因此侯雨秋的行为具有防卫性质。

第三，侯雨秋的行为不属于防卫过当，不负刑事责任。本案沈某、雷某等人的共同侵害行为，严重危及他人人身安全，侯雨秋为保护自己和本店人员免受暴力侵害，而采取防卫行为，造成不法侵害人之一雷某死亡，依据刑法第二十条第三款的规定，不属于防卫过当，不负刑事责任。

⚛ 指导意义

刑法第二十条第三款规定的"其他严重危及人身安全的暴力犯罪"的认定，除了在方法上，以本款列举的四种罪行为参照，通过比较暴力程度、危险程度和刑法给予惩罚的力度作出判断以外，还应当注意把握以下几点：一是不法行为侵害的对象是人身安全，即危害人的生命权、健康权、自由权和性权利。人身安全之外的财产权利、民主权利等其他合法权利不在其内，这也是特殊防卫区别于一般防卫的一个重要特征；二是不法侵害行为具有暴力性，且应达到犯罪的程度。对本款列举的杀人、抢劫、强奸、绑架应作广义的理解，即不仅指这四种具体犯罪行为，也包括以此种暴力行为作为手段，而触犯其他罪名的犯罪行为，如以抢劫为手段的抢劫枪支、弹药、爆炸物的行为，以绑架为手段的拐卖妇女、儿童的行为，以及针对人的生命、健康而采取的放火、爆炸、决水等行为；三是不法侵害行为应当达到一定的严重程度，即有可能造成他人重伤或死亡的后果。需要强调的是，不法侵害行为是否已经造成实际伤害后果，不必然影响特殊防卫的成立。此外，针对不法侵害行为对他人人身安全造成的严重危险，可以实施特殊防卫。

在共同不法侵害案件中，"行凶"与"其他严重危及人身安全的暴力犯罪"，在认定上可以有一定交叉，具体可结合全案行为特征和各侵害人的具体行为特征作综合判定。另外，对于寻衅滋事行为，不宜直接认定为"其他严重危及人身安全的暴力犯罪"，寻衅滋事行为暴力程度较高、严重危及他人人身安全的，可分别认定为刑法第二十条第三款规定中的行凶、杀人或抢劫。需要说明的是，侵害行为最终成立何种罪名，对防卫人正当防卫的认定没有影响。

人民检察院审查起诉时，应当严把事实关、证据关和法律适用关。根据查明的事实，犯罪嫌疑人的行为属于正当防卫，不负刑事责任的，应当依法作出不起诉的决定，保障无罪的人不受刑事追究。

相关规定

《中华人民共和国刑法》第二十条
《中华人民共和国刑事诉讼法》第一百七十七条

🎤 **检察官建言**
....

任何权利都不能滥用，正当防卫权更是如此。公民遇到不法侵害，具备条件的应当优先选择报警，通过公安机关解决矛盾、防范侵害，尽可能理性平和解决争端，避免滥用武力，共同培育和谐良好的社会风尚。

以法治手段维护社会主义核心价值观

依据《最高人民检察院关于案例指导工作的规定》，对于最高人民检察院发布的指导性案例，各级人民检察院在办理类似案件时要参照适用。同时，最高人民检察院发布指导性案例，也是开展检察官以案释法，强化法治宣传教育，在检察环节落实"谁司法谁普法"的普法责任制的具体举措。最高人民检察院围绕正当防卫主题发布第十二批指导性案例，意义主要有以下几个方面：

第一，激活正当防卫制度，彰显依法防卫者优先保护理念。我国关于正当防卫的立法已经相对比较完整，只要树立正确理念，正确贯彻执行，强化责任担当，就可以充分激活实践中一些地方正当防卫制度实际"沉睡"的问题。在防卫者和不法侵害者的人权保障冲突时，利益保护的天平倾向于防卫者，这既合乎国法，也合乎天理、人情。

第二，提炼规则以案释法，明确正当防卫适用标准。正当防卫制度在司法适用过程中疑难问题较多，发挥其应有的作用任重道远。最高人民检察院发布指导性案例，充分发挥案例针对性强和易于把握的特点，用典型案例指导类似案件的办理，确立正当防卫制度法律适用"由具体到具体"的参照标准，能够有效确保同类案件的法律适用基本统一、处理结果基本一致。第十二批指导性案例通过体例的进一步完善和创新，展示了案例成功办理的过程和结果，揭示了蕴含其中的法律精神和内涵，生动回答了办理同类案件面临的疑难复杂法律问题，同时也让人民群众通过案例直观了解正当防卫的知识、自觉运用法律武器维护自身合法权益。

第三，强化法律监督职能，推动实现双赢多赢共赢。 法律监督是我国检察机关的宪法定位。检察机关秉持客观公正的立场，严把事实关、证据关、程序关、适用法律关，纠正违法，追诉犯罪，保障人权，确保法律统一正确实施，是检察机关作为"法律守护人"的应担之责。发布指导性案例，为检察机关在介入侦查、审查逮捕、审查起诉、二审检察等过程中依法履行法律监督职责、促进严格执法公正司法提供了指引。

第四，推进法治建设，培育良好社会风尚。 "一个行动胜过一打纲领"。检察机关既是社会主义法治建设的重要力量，也是推进社会主义核心价值观融入法治建设的重要参与者和实践者。这次发布的四个指导性案例，案情不同、阶段不同、特点不同，但有一点是相同的，那就是通过检察机关的办案实践，把社会主义核心价值观融入办案过程，使司法活动既遵从法律规范，又符合道德标准；既守护公平正义，又弘扬美德善行，最终结果实现"法、理、情"的统一。从这个意义上说，这四个案例，既是正当防卫的指导性案例，也是检察机关以法治手段维护社会主义核心价值观的指导性案例。

公益诉讼篇

——最高人民检察院第十三批指导性案例

检察公益诉讼工作全面推开以来，呈现了快速发展的趋势，特别是 2018 年 11 月，全国基层检察院全部消灭立案空白和诉前程序办案空白，实现了公益诉讼办案的"全覆盖"。2018 年 1 至 11 月，全国检察机关共立案公益诉讼案件 89523 件，提出检察建议和发布公告 78448 件、提起诉讼 2560 件。

2018 年 7 月 6 日，习近平总书记主持召开中央深改委第三次会议，决定设立最高检公益诉讼检察厅，为更好履行检察公益诉讼职责提供组织保障。最高检新一届党组多次召开会议进行研究部署，强调要把公益诉讼工作作为"一把手"工程切实抓好。2018 年 3 月以来，张军检察长先后 40 余次就公益诉讼转变工作理念、加大办案力度和完善体制机制等作出批示，强调公益诉讼是新时代检察工作创新发展的着力点，刑事、民事、行政及公益诉讼检察职能要全面、平衡、充分履行。各地检察机关积极落实最高检工作部署，持续聚焦"美丽中国""健康中国""法治中国"战略，主动对接和服务生态文明试验区建设、打好污染防治攻坚战、长江经济带发展等重大举措，结合实际深入开展公益诉讼工作。

2018 年 12 月 25 日，最高人民检察院发布第十三批指导性案例。这一公益诉讼主题指导性案例的发布，就是要大力推动各级检察机关不断加大公益诉讼检察工作力度，贡献更多优质检察产品和法治产品，不断满足人民群众对民主、法治、公平、正义、安全、环境等方面日益增长的美好生活需求。

陕西省宝鸡市环境保护局凤翔分局
不全面履职案
——督促行政机关依法全面履职

（检例第 49 号）

检察办案理念

陕西凤翔案聚焦检察机关发挥公益诉讼职能服务打好污染防治攻坚战这一主题，从大气污染防治角度生动展现了检察机关运用法治力量规范、保障和促进生态文明建设，服务经济社会发展的责任担当。

本案集中展示了检察机关树立正确的办案监督理念，通过依法提起诉讼，督促行政机关依法全面履职，确保国家利益和社会公共利益得到保护的司法过程。

检察职能体现

陕西凤翔案，集中展示了检察机关如何依据法律规定，督促凤翔分局全面履职的工作过程。

纠正了违法行为。检察机关提起公益诉讼促使行政机关最大限度地采取法律赋予的监管执法手段督促企业整改，使持续存在的污染问题得到解决。

促进了行政机关依法履职。案件开庭审理后，全省各环保相关部门都开展了自查，对行政机关相关监管工作起到了很好的促进作用。

★ 要旨

行政机关在履行环境保护监管职责时，虽有履职行为，但未依法全面运用行政监管手段制止违法行为，检察机关经诉前程序仍未实现督促行政机关依法全面履职目的的，应当向人民法院提起行政公益诉讼。

基本案情

2014 年 5 月，陕西长青能源化工有限公司（以下简称长青能化）年产 60 万吨甲醇工程项目建成，并经陕西省环境保护厅审批投入试生产至 2014 年 12 月 31 日。2014 年 11 月 24 日，陕西省发布《关中地区重点行业大气污染物排放限值》

地方标准，燃煤锅炉颗粒物排放限值为 20mg/m³，自 2015 年 1 月 1 日起实施。长青能化试生产期间，燃煤锅炉大气污染物排放值基本处于地方标准 20mg/m³ 以上，国家标准 50mg/m³ 以下。

2015 年 1 月 1 日，长青能化试生产期满后未停止生产且燃煤锅炉颗粒物排放值持续在 20mg/m³ 以上 50mg/m³ 以下。

2015 年 7 月 7 日，陕西省宝鸡市环境保护局凤翔分局（以下简称凤翔分局）向长青能化下达《环境违法行为限期改正通知书》，责令其限期改正生产甲醇环保违规行为，否则将予以高限处罚。长青能化没有整改到位，凤翔分局未作出高限处罚。2015 年 11 月 18 日，凤翔分局向长青能化下达《行政处罚决定书》，限其于一个月内整改到位，并处以 5 万元罚款。但该企业并未停止甲醇项目生产，颗粒物超标排放问题依然没有得到有效解决，对周围大气造成污染。

检察机关履职：诉前程序

2015 年 11 月下旬，陕西省宝鸡市人民检察院在办案中发现凤翔分局可能有履职不尽责的情况，遂指定凤翔县人民检察院开展调查。凤翔县人民检察院查明：长青能化超期试生产且颗粒物超标排放，而凤翔分局虽对长青能化作出行政处罚，但未依法全面履职。2015 年 12 月 3 日，凤翔县人民检察院向凤翔分局发出《检察建议书》，建议其依法履职，督促长青能化上线治污减排设备，确保环保达标。

2016 年 1 月 4 日，凤翔分局书面回复凤翔县人民检察院称：2015 年 12 月 24 日对长青能化下达《责令限制生产决定书》，责令该公司限产。2015 年 12 月 30 日作出《排污核定与排污费缴纳决定书》，对长青能化 2015 年 10 月至 12 月间颗粒物超标排放加收排污费。

针对凤翔分局回复意见，凤翔县人民检察院进一步查明：凤翔分局作出责令限制生产决定、加收排污费等措施后，长青能化虽然按要求限制生产，但其治污减排设备建设项目未正式投入使用，颗粒物排放依然超过限值。

诉讼过程

鉴于检察建议未实现应有效果，2016 年 5 月 11 日，凤翔县人民检察院向凤翔县人民法院提起行政公益诉讼。凤翔县人民法院受理后，认为符合起诉条件，但不宜由凤翔县人民法院管辖。经向宝鸡市中级人民法院请示指定管辖，2016 年 5 月 13 日，宝鸡市中级人民法院依法裁定本案由宝鸡市陈仓区人民法院管辖。2016 年 11 月 10 日，宝鸡市陈仓区人民法院对本案公开开庭审理。

（一）法庭调查

出庭检察人员宣读起诉书，请求：1. 确认凤翔分局未依法全面履职的行为违法；2. 判令凤翔分局依法全面履行职责，督促长青能化采取有效措施，确保颗粒物排放符合标准。

凤翔分局答辩状称其对企业采取了行政处罚、责令限制生产等措施，已经全面履行职责。诉讼前，长青能化减污设备已经运行，检察机关不需要再提起诉讼。

法庭举证、质证阶段，围绕凤翔分局是否依法全面履行法定职责，出庭检察人员出示了凤翔分局行政职责范围的依据，2015年1月1日至2016年5月8日长青能化颗粒物排放数据等证据。证明截至提起诉讼前，长青能化湿电除尘系统没有竣工验收并且颗粒物依然超标排放，持续给周围大气环境造成污染问题没有彻底解决。

凤翔分局针对起诉书，提交了对长青能化日常监管的表格及2015年7月以来对长青能化作出的各类处罚文书等证据材料，证明已经依法全面履行了对相对人的环境监管职责。

针对凤翔分局提出的证据，出庭检察人员认为，其只能证明凤翔分局对长青能化作出了行政处罚，但不能证明依法全面履职并实现了履职目的。诉讼前，长青能化排放仍存在不达标的情况。

（二）法庭辩论

出庭检察人员指出，凤翔分局未依法全面履职主要表现在三个方面：

一是凤翔分局未依法监管相对人严格执行建设项目环境保护设施设计、施工、使用"三同时"的规定。长青能化的环境保护设施虽然与建设项目同时设计、同时施工，但并未同时使用。

二是凤翔分局初期未采取有效措施对长青能化违法排放颗粒物的行为作出处理。自 2015 年 1 月 1 日起，长青能化颗粒物排放浓度均超过 20mg/m³ 的标准，最高达 72mg/m³。凤翔分局却未采取有效行政监管措施予以处置，直到 2015 年 7 月 7 日才对颗粒物超标排放违法行为作出《环境违法行为限期改正通知书》。

三是凤翔分局未依法全面运用监管措施督促长青能化纠正违法行为。长青能化在收到《环境违法行为限期改正通知书》后两个月内未按要求整改到位，凤翔分局未采取相应措施作出高限处罚。

凤翔分局答辩称：已履行了法定职责，多次对长青能化作出行政处罚，颗粒物超标排放是由于地方标准的变化。2016 年 3 月 27 日，长青能化减污设备已经运行，检察机关无需提起诉讼。

针对凤翔分局答辩，检察机关提出辩论意见：对于长青能化的排污行为，凤翔分局虽有履职行为，但履职不尽责。一是作出的 5 万元罚款不是高限处罚。二是按照相关规定，在地方标准严于国家标准的情况下，依法应当执行地方标准。三是 2016 年 3 月 27 日，长青能化减污设备已经上线运行，但颗粒物排放数据仍不稳定，仍有不达标的问题。四是诉讼中，凤翔分局于 2016 年 5 月 16 日才作出按日连续处罚的行政处罚，对长青能化违法行为罚款 645 万元。

2016 年 8 月 22 日，长青能化减污设备经评估正式投入运

行，经第三方检测机构的检测，长青能化颗粒物排放已持续稳定符合国家和地方排放标准。2016年12月20日，检察机关撤回了第二项诉讼请求，即督促长青能化采取有效措施，确保颗粒物排放达到国家标准和地方标准。

（三）审理结果

2016年12月28日，陕西省宝鸡市陈仓区人民法院作出一审判决，确认被告凤翔分局未依法全面履行对相对人长青能化环境监管职责的行为违法。

指导意义

诉前程序是检察机关提起公益诉讼的前置程序。办理公益诉讼案件，要对违法事实进行调查核实，围绕行政机关不依法履职或者不全面履职行为的客观表现、主观过错、与国家利益或者社会公共利益遭受侵害后果的关系以及相关的法律依据、政策要求、文件规定等全面收集、固定证据，在查清事实的基础上依法提出检察建议，督促行政机关纠正违法、依法履职。行政机关未在检察建议要求的期限内依法全面履行职责，国家利益或者社会公共利益仍然遭受侵害的，检察机关应当依法向人民法院提起公益诉讼。

对行政机关不依法履行法定职责的判断和认定，应以法律规定的行政机关法定职责为依据，对照行政机关的执法权力清单和责任清单，以是否全面运用或者穷尽法律法规和规范性文件规定的行政监管手段制止违法行为，国家利益或者社会公共利益是否得到了有效保护为标准。**行政机关虽然采取了部分行政监管或者处罚措施，但未依法全面运用或者穷尽行政监管手段制止违法行为，国家利益或者社会公共利益受侵害状态没有得到有效纠正的，应认定行政机关不依法全面履职。**

相关规定

《中华人民共和国环境保护法》第十五条第二款

《中华人民共和国大气污染防治法》第五条、第七条、第四十三条、第九十九条

《中华人民共和国行政处罚法》第五十一条

《中华人民共和国行政诉讼法》第二十五条第四款

《环境保护主管部门实施按日连续处罚办法》第五条、第十条

《建设项目环境保护管理条例》第十五条、第二十条第一款

《建设项目竣工环境保护验收管理办法》第十四条、第十七条第三款

《火电厂大气污染物排放标准》

《关中地区重点行业大气污染物排放限值》

延伸阅读

问：陕西省宝鸡市环境保护局凤翔分局已经对排污企业作出了行政处罚，检察机关为何还要对其提起行政公益诉讼？

答：2015年1月1日起，陕西长青能源化工有限公司在甲醇项目试生产期满后未停止生产，造成燃煤锅炉大气污染物排放值持续超标。陕西省宝鸡市环境保护局凤翔分局虽有罚款等履职行为，但未依法全面履职到位，企业违法生产行为及颗粒物超标排放问题持续存在。凤翔县检察院在发出《检察建议书》未实现应有效果的情况下，依法提起行政公益诉讼，法院判决凤翔分局未依法全面履行环境监管职责的行为违法。

这起案例主要向社会阐明：行政机关在履行环境保护监管职责时，虽有履职行为，但未依法全面运用行政监管手段制止违法行为，检察机关经诉前程序仍未实现督促行政机关依法全面履职目的的，应当向法院提起行政公益诉讼。检察机关通过这一案例的办理，明确了行政机关不依法全面履职的具体涵义和判断标准，为今后开展公益诉讼工作提供了参考和依据。

湖南省长沙县城乡规划建设局等不依法履职案
——诉前检察建议依法保障生态环境

（检例第 50 号）

检察办案理念

湖南长沙案聚焦检察机关发挥公益诉讼职能服务打好污染防治攻坚战这一主题，从生态环境保护的角度生动展现了检察机关运用法治力量规范、保障和促进生态文明建设，服务经济社会发展的责任担当。

检察机关着眼于切实维护国家利益和社会公共利益的目标，在依法提出检察建议后，又与行政机关、政府部门加强联系沟通，从实际情况出发提出了切实可行的整改方案，体现了检察机关在履行法律监督职责中"双赢多赢共赢"的工作理念。

检察职能体现

湖南长沙案，通过检察机关的检察建议实现了督促行政机关依法履职、维护国家利益和社会公共利益目的，也增强了三个行政机关依法行政的观念。同时，长沙市检察院提出有效解决违法现状的方案，获得了各方面的认可并促进了问题的圆满

解决。

检察机关发出检察建议后，不是一发了之，而是持续跟进，并与行政部门以及地方政府进行反复协调沟通，促进相关建议落实。同时积极开展有效工作，督促行政部门落实检察建议要求，对房产企业违法行为依法处罚，纠正了房地产公司违法建设行为。

⬟ 要旨

检察机关通过检察建议实现了督促行政机关依法履职、维护国家利益和社会公共利益目的的，不需要再向人民法院提起诉讼。

▮▮▮ 基本案情

2013年6月，长沙威尼斯城房地产开发有限公司（以下简称威尼斯城房产公司）开发的威尼斯城第四期项目开始建设。该项目将原定项目建设的性质、规模、容积率等作出重大调整，开工建设前未按照《中华人民共和国环境影响评价法》的规定重新报批环境影响评价文件。2016年8月29日，湖南省长沙县行政执法局对威尼斯城房产公司作出行政处罚决定，责令该公司停止第四期项目建设，并处以10万元罚款。威尼斯城房产公司虽然缴纳了罚款但并未停止建设。截至2018年3月7日，该项目已经建成1—6栋。7—8栋未取得施工许可证即开始进行基坑施工（停工状态），9栋未开工建设。

检察机关提出检察建议

2017年7月20日，湖南省长沙市人民检察院在参与中央环保督察组督察过程中，发现长沙县城乡规划建设局、长沙县行政执法局不依法履行职责致使国家和社会公共利益受损的线索。报告湖南省人民检察院后，湖南省人民检察院将案件线索交长沙市人民检察院办理。

长沙市人民检察院调查发现，2003年4月22日至2017年3月14日，威尼斯城第四期项目建设用地位于参照饮用水水源一级保护区保护范围内。2017年3月14日后，根据湖南省人民政府调整后的饮用水水源保护区划定，该建设项目用地位于饮用水水源二级保护区保护范围内。经调查核实，长沙市人民检察院认为长沙县城乡规划建设局等三行政机关不依法履

行职责，对当地生态环境、饮用水水源安全造成重大影响，侵害了社会公共利益。其中：

长沙县城乡规划建设局明知威尼斯城第四期项目必须重新申报环境影响评价文件，但在未重新申报的情况下，发放建设工程规划许可证和建筑工程施工许可证，导致项目违法建设，给当地生态环境造成重大影响。

长沙县行政执法局明知威尼斯城第四期项目环境影响评价未申报通过、未批先建的情况下，在作出责令停止建设，并处以罚款10万元的决定后，未进一步采取措施，导致该项目1—6栋最终建设完成，同时对该项目7—8栋无建筑工程施工许可就开挖基坑的违法行为未责令恢复原状，造成重大生态环境影响。

长沙县环境保护局明知威尼斯城第四期项目环境影响评价未申报通过，却在该项目1—6栋建设工程规划许可证申请表上盖章予以认可，造成违法建设行为发生，给当地生态环境造成重大影响。

2017年12月18日、2018年3月16日，长沙市人民检察院先后分别向长沙县城乡规划建设局、长沙县行政执法局和长沙县环境保护局发出检察建议：一是建议长沙县行政执法局依法对威尼斯城房产公司未依法停止建设，仍处于继续状态的违法行为进行处罚，责令对违法在建工程恢复原状。二是建议三行政机关在职责范围内依法处理威尼斯城第四期项目环境影响评价、建设工程规划许可和建筑工程施工许可等问题。三是建议三行政机关依法加强对该项目行政许可的审批管理和执法监管，杜绝类似违法行为再次发生。

检察机关发出检察建议后，与长沙县行政执法局等三机关以及长沙县人民政府进行了反复协调沟通，促进相关检察建议落实。三机关均按期对长沙市人民检察院检察建议进行了书面回复。2018年4月10日，长沙县行政执法局根据检察建议的要求对威尼斯城房产公司作出行政处罚决定：责令该公司立即停止第四期项目建设；对7—8栋基坑恢复原状，并处罚款4365058.67元。威尼斯城房产公司接受处罚并对7—8栋基坑恢复原状。长沙县城乡规划建设局、长沙县环境保护局根据检察建议的要求加大对该项目的监管力度，对类似行政审批流程进行规范，对相关责任人员进行追责，给予四名工作人员相应的行政处分。

2018年2月9日，长沙县人民政府就纠正违法行为与长沙市人民检察院沟通并对相关问题提出处置意见。因该案涉及饮用水水源地保护区调整，长沙市人民检察院依法向长沙县人民政府发出工作建议，建议该县及时向上级机关申报重新划定饮用水水源地保护区范围；对该项目监管和执法中暴露出来的相关违法违规问题依法依规进行处理；加强对建设项目审批的管理和监督、对招商引资项目的管理，进一步规范行政许可、行政审批行为，切实防止损害生态环境和资源保护行为的发生。

2018年5月17日，长沙县人民政府就工作建议向长沙市人民检察院作出书面回复，对威尼斯城第四期项目违法建设的处置提出具体的工作意见和实施办法。长沙市人民检察院认为，威尼斯城第四期项目违法建设对当地生态环境和饮用水水源地造成重大影响，损害社会公共利益，考虑到该项目1—6栋已经销售完毕，仅第6栋就涉及320户，涉及众多群众利益，撤销该项目的建设工程规划许可证和建筑工程施工许可证并拆除建筑，将损害不知情群众的利益。经论证，采取取水口上移变更饮用水水源地保护区范围等补救措施，不影响威尼斯城众多业主的合法权益和生活稳定，社会效果和法律效果较好。根据长沙市人民检察院的建议，长沙县人民政府上移饮用水取水口。2018年5月31日，新建设的长沙县星沙第二水厂取水泵站已经通水。2018年10月29日，经湖南省人民政府批准，长沙市人民政府对饮用水水源地保护范围进行了调整。

指导意义

检察机关办理公益诉讼案件，应当着眼于切实维护国家利益和社会公共利益的目标，加强与行政机关沟通协调，注重各项实际措施的落实到位。**充分发挥诉前程序的功能作用，努力实现案件办理政治效果、社会效果和法律效果的有机统一。**对于一个污染环境或者破坏生态的事件，多个行政机关存在违法行使职权或者不作为情形的，检察机关可以分别提出检察建议，督促其依法履行各自职责。依据法律规定，有多种行政监管、处罚措施可选择时，应从最大限度保护国家利益或者社会公共利益出发，建议行政机关采取尽量不减损非侵权主体的合法权益、实际效果最好的监管处罚措施。

📖 相关规定

《中华人民共和国环境保护法》第六十一条

《中华人民共和国水污染防治法》第六十六条

《中华人民共和国环境影响评价法》第三十一条

《中华人民共和国行政诉讼法》第二十五条第四款

《环境行政处罚办法》第十一条

📚 延伸阅读

问：本案中，检察机关为何未对湖南省长沙县城乡规划建设局等提起公益诉讼？

答：2013年6月，湖南省长沙市威尼斯城房产公司将原定开发房产项目的建设性质、规模、容积率等作出重大调整后，未重新报批环境影响评价文件即开工建设，行政部门虽有处罚行为但未能制止违法建设。长沙市检察院经调查核实后依法发出检察建议，并根据执法成本较小社会效益较大的原则提出了可行的解决方案，最终督促行政机关依法履职，房产公司违法建设行为被制止并接受处罚，取得良好的社会效果和法律效果。该案例主要向社会阐明：检察机关通过检察建议实现了督促行政机关依法履职、维护国家利益和社会公共利益目的的，不需要再向法院提起诉讼。

问：公益诉讼检察工作中诉前程序发挥了很大作用，许多案件通过检察建议的形式进行监督，如何提升检察建议的刚性，保障监督到位？

答：在提升检察建议刚性方面，应继续坚持问题导向，以理念变革为引领，进一步完善检察机关办案程序，多措并举增强诉前检察建议的规范性、精准性，确保诉前检察建议取得更好成效。

一是树立正确办案理念，充分发挥诉前检察建议独特功能。牢固树立全面平衡充分发展的理念、双赢多赢共赢的理念、精准监督的理念，以理念的变革引领行政公益诉前办案创新发展。

二是加强规范化建设，健全符合检察公益诉讼特点规律的诉前程序体系，对行政公益诉讼诉前程序的立案、调查、制发检察建议、送达、跟进监督、行政机关履职标准、检察建议与诉讼请求的衔接等内容作出具体规定。

三是强化分类指导，提高检察建议质量。梳理汇总不同领域行政机关违法行使职权或者不作为的易发高发环节、违法特点规律，进一步明确检察机关调查、审查应关注的重点问题，对地方检察机关办案提出指导性意见。注重检察建议文书的规范性和权威性，增强检察建议内容的精准性和实效性。

四是注重跟进监督。提起公益诉讼是检察建议取得实效的保障手段。检察机关向行政机关发出检察建议后，行政机关的整改可能是一个复杂、长期的过程，检察机关可以在跟进监督过程中采取诉前圆桌会议、召开听证会等形式，帮助行政机关出谋划策，协同解决有关问题。

曾云侵害英烈名誉案

——英雄烈士名誉不容侵犯

（检例第 51 号）

检察办案理念

曾云侵权案，明确宣示了英雄烈士名誉不容侵犯，有力彰显了检察机关维护社会主义核心价值观的特殊使命。

检察职能体现

曾云侵权案是首例检察机关英烈保护民事公益诉讼案例，为检察机关开展类似工作提供了实践依据。谢勇烈士年仅 21 岁，在灭火救援中为保护战友壮烈牺牲。淮安数千市民挥泪送别烈士。曾云的不当言论，严重亵渎公众情感。检察机关依法提起民事公益诉讼，有效抚慰了谢勇烈士亲人、战友情感，平复了公众情绪，向全社会传递了尊敬英烈、崇尚英雄的强烈信号。可以说，检察机关的公益诉讼工作，对推动全社会形成捍卫英雄荣光的良好风尚，弘扬社会主义核心价值观发挥了积极作用。

曾云侵权案，说明了在维护英雄烈士名誉等权利中检察机关的法律地位。检察机关依法向法院提起公益诉讼工作，清晰立体呈现出检察机关在维护国家利益和社会公益中的特色作用和职能发挥。

要旨

对侵害英雄烈士的姓名、肖像、名誉、荣誉，损害社会公共利益的行为人，英雄烈士近亲属不提起民事诉讼的，检察机关可以依法向人民法院提起公益诉讼，要求侵权人承担侵权责任。

基本案情

2018年5月12日下午，江苏省淮安市消防支队水上大队城南中队副班长谢勇在实施灭火救援行动中不幸牺牲。5月13日，公安部批准谢勇同志为烈士并颁发献身国防金质纪念章；5月14日，中共江苏省公安厅委员会追认谢勇同志为中国共产党党员，追记一等功；淮安市人民政府追授谢勇同志"灭火救援勇士"荣誉称号。

2018 年 5 月 14 日，曾云因就职受挫、生活不顺等原因，饮酒后看到其他网友发表悼念谢勇烈士的消息，为发泄自己的不满，在微信群公开发表一系列侮辱性言论，歪曲谢勇烈士英勇牺牲的事实。该微信群共有成员 131 人，多人阅看了曾云的言论，有多人转发。曾云歪曲事实、侮辱英烈的行为，侵害了烈士的名誉，造成了较为恶劣的社会影响。

检察机关履职：诉前程序

2018 年 5 月 17 日，江苏省淮安市人民检察院以侵害英雄烈士名誉对曾云作出立案决定。

检察机关围绕曾云是否应当承担侵害英烈名誉的责任开展调查取证。经调查核实，曾云主观上明知其行为可能造成侵害烈士名誉的后果，客观上实施了侵害烈士名誉的违法行为，在社会上产生较大负面影响，损害了社会公共利益。

检察机关依法履行民事公益诉讼诉前程序，指派检察官赴谢勇烈士家乡湖南衡阳，就是否对曾云侵害烈士名誉的行为提起民事诉讼当面征求了谢勇烈士父母、祖父母及其弟的意见（谢勇烈士的外祖父母均已去世）。烈士近亲属声明不提起民事诉讼，并签署支持检察机关追究曾云侵权责任的书面意见。

⚖ 诉讼过程

2018 年 5 月 21 日，淮安市人民检察院就曾云侵害谢勇烈士名誉案向淮安市中级人民法院提起民事公益诉讼。6 月 12 日，淮安市中级人民法院公开开庭审理本案。

（一）法庭调查

淮安市人民检察院派员以公益诉讼起诉人的身份出庭，并宣读起诉书，认为曾云发表的侮辱性语言和不实言论侵害了谢勇烈士的名誉，损害了社会公共利益。

公益诉讼起诉人出示了相关证据材料：一是批准谢勇同志烈士称号的批文、追授谢勇同志"灭火救援勇士"荣誉称号的文件等，证明谢勇同志被批准为英雄烈士和被授予荣誉称号。二是曾云微信群的聊天记录截图、证人证言等，证明曾云实施侵害谢勇烈士名誉的行为，损害社会公共利益。三是检察机关向谢勇烈士近亲属发出的征求意见函、谢勇烈士近亲属出具的书面声明等，证明检察机关履行了诉前程序。

曾云表示对检察机关起诉书载明的事实和理由没有异议。

（二）法庭辩论

公益诉讼起诉人发表出庭意见：

一是曾云公开发表侮辱性言论，歪曲英雄被追认为烈士的相关事实，侵害了谢勇烈士的名誉。证据充分证明曾云发表的不当言论被众多网友知晓并转发，在社会上产生了负面影响，侵害了谢勇烈士的名誉。

二是曾云的行为损害了社会公共利益。英雄事迹是社会主义核心价值观和民族精神的体现。曾云的行为置社会主义核心价值观于不顾，严重损害了社会公共利益。

三是检察机关依法提起民事公益诉讼，意义重大。检察机关对侵害英烈名誉的行为提起公益诉讼，旨在对全社会起到警示教育作用，形成崇尚英雄、学习英雄、传承英雄精神的社会风尚。

曾云承认在微信群发表不当言论对烈士亲属造成了伤害，愿意通过媒体公开赔礼道歉，并当庭宣读了道歉信。

（三）审理结果

2018年6月12日，淮安市中级人民法院经审理，认定曾云的行为侵害了谢勇烈士名誉并损害了社会公共利益，当庭作出判决，判令曾云在判决生效之日起七日内在本地市级报纸上公开赔礼道歉。

一审宣判后，曾云当庭表示不上诉并愿意积极履行判决确定的义务。2018年6月16日，曾云在《淮安日报》公开刊登道歉信，消除因其不当言论造成的不良社会影响。

✦ 指导意义

《中华人民共和国英雄烈士保护法》第二十五条规定："英雄烈士没有近亲属或者近亲属不提起诉讼的，检察机关依法对侵害英雄烈士的姓名、肖像、名誉、荣誉，损害社会公共利益的行为向人民法院提起诉讼。"英雄烈士的形象是民族精神的体现，是引领社会风尚的标杆。英雄烈士的姓名、肖像、名誉和荣誉等不仅属于英雄烈士本人及其近亲属，更是社会正义的重要组成内容，承载着社会主义核心价值观，具有社会公益性质。**侵害英雄烈士名誉就是对公共利益的损害。对于侵害英雄烈士名誉的行为，英雄烈士没有近亲属或者近亲属不提起诉讼时，检察机关应依法提起公益诉讼，捍卫社会公共利益。**

检察机关履行这类公益诉讼职责，要在提起诉讼前确认英雄烈士是否有近亲属以及其近亲属是否提起诉讼，区分情况处理。对于英雄烈士有近亲属的，检察机关应当当面征询英雄烈士近亲属是否提起诉讼；对于英雄烈士没有近亲属或者近亲属下落不明的，检察机关可以通过公告的方式履行告知程序。

检察机关办理该类案件，除围绕侵权责任构成要件收集、固定证据外，还要就侵权行为是否损害社会公共利益这一结果要件进行调查取证。对于在微信群内发表侮辱、诽谤英雄烈士言论的行为，要重点收集微信群成员数量、微信群组的私密性、进群验证方式、不当言论被阅读数、转发量等方面的证据，证明侵权行为产生的不良社会影响及其严重性。检察机关在决定是否提起公益诉讼时，还应当考虑行为人的主观过错程度、社会公共利益受损程度等，充分履行职责，实现政治效果、社会效果和法律效果的有机统一。

相关规定

《中华人民共和国英雄烈士保护法》第二十二条、第二十五条、第二十六条

《中华人民共和国民法总则》第一百八十五条

《中华人民共和国侵权责任法》第十五条

《中华人民共和国民事诉讼法》第五十五条第二款

《最高人民法院、最高人民检察院关于检察公益诉讼案件适用法律若干问题的解释》第五条

延伸阅读

问：检察机关对侵犯英雄烈士名誉的行为提起公益诉讼的意义体现在哪些方面？

答：曾云在微信群公开发表言论，侮辱谢勇烈士名誉，造成了较为恶劣的社会影响。江苏省淮安市检察院经诉前程序征求谢勇烈士近亲属意见后，对曾云行为提起民事公益诉讼，依法追究了曾云侵权责任。该案例是首例检察机关英烈保护民事

公益诉讼案例，为检察机关开展类似工作提供了实践依据。主要向社会阐明：对侵害英雄烈士的姓名、肖像、名誉、荣誉，损害社会公共利益的行为人，英雄烈士近亲属不提起民事诉讼的，检察机关可以依法向法院提起公益诉讼，要求侵权人承担侵权责任。

检察机关提起公益诉讼的中国模式

公益诉讼这项制度源于国外，但是国外的大陆法系和英美法系的国家只设置检察机关提起民事公益诉讼制度。检察机关对行政机关提起行政公益诉讼制度，无论是从制度规定还是到司法实践，应该说是中国的首创。这是检察机关新的职能，总体开局良好，但是还有很多的问题需要继续探索，总结经验。

行政机关履行职责的认定问题还需要进一步形成共识。检察机关能不能监督，监督到什么程度为止，有三个层次的判断标准，第一个标准是违法行为有没有被制止。第二个标准是公共利益有没有得到保护。第三个标准是在公共利益没有得到有效保护的前提下，行政机关有没有全面履行监管职责，有没有穷尽法律赋予的监管手段。在理论方面也有一些空白点，提起行政公益诉讼，是对公权力的监督，属于公法领域调整的，是和普通的行政诉讼不一样的。但立法就那么一款，司法解释也还不充分，理论方面对不少问题还存在不同认识。我们走在了无人区。世界上没有任何一项制度，可以让我们去借鉴或者照搬。

怎样把这项制度丰富发展完善好，还有很长的路要走。总体考虑，从以下两个方面着力：

一是要进一步加大办案力度，努力践行张军检察长强调的

"在监督中办案，在办案中监督"，特别要强化"四个意识"，切实践行"两个维护"。要认真贯彻落实好中央关于打好污染防治攻坚战等决策部署，牢固树立以办案为中心的发展理念，结合中央环保督察"回头看"等专项活动，围绕大气污染、水污染、土壤污染和农村环境综合治理等方面的违法行为开展监督。法律规定的公益诉讼的领域，比如食品安全、环境保护等是我们办案的重点，人民群众反映强烈的、媒体报道关注的热点事件我们也要进行试点探索。如对个人信息保护、大数据安全、互联网侵权等热点问题，也要加强研究，积极探索检察公益诉讼发挥职能作用的路径。

二是要进一步深化改革探索。公益诉讼改革依然在路上。作为世界范围内的一个新制度，要丰富完善好中国特色的社会主义公益诉讼制度，首先要认真学习贯彻习近平总书记在改革开放40周年大会上的讲话精神，在全面依法治国的时代背景下，公益诉讼改革应该体现三个要素：一要凸显社会治理的法治化。二要体现国家治理体系和能力的现代化。一般的诉讼，只解决原被告两人的利益纷争，不能解决第三方的问题，但是公益诉讼是通过办理一个案件，推动治理一片，推动整个区域治理，这就是治理能力的现代化。三要凸显执政兴国的中国化方案。检察机关作为维护法律统一实施的监督机关，如何引导、促进公民、社会、企业、当事人尊法守法，怎么把法律落实到人民内心的深处，让法律成为人民的信仰。这就是在党的领导下，在符合中国国情的政治体制的优势下，通过改革探索要去解决的问题。通过实践探索，不仅使这项制度在中国落地生根，而且要成为世界司法文明的典范。这也是响应、落实习近平总书记提出的中国在 2035 年左右建设成社会主义现代化强国的伟大目标的具体实践。

典型案例篇

检察公益诉讼典型案例

涉民营企业司法保护典型案例

检察公益诉讼典型案例

📚 检察办案理念

十个典型案例反映出各级检察机关紧紧围绕中央重大决策部署，以环境资源、食品药品等领域为重点，突出办理了一批人民群众反映强烈、社会各界高度关注的公益诉讼案件。

十起案件中有五起都属食品药品领域，反映出检察公益诉讼工作坚持以人民为中心，高度关注民生，立足服务健康中国的战略实施。

典型案例充分体现了行政机关对检察公益诉讼由被动应付到主动争取支持的思想转变，形成了各方共同保护公益的合力，践行了检察机关双赢多赢共赢的监督理念，坚持了精准监督的理念。

🏢 检察职能体现

重庆市石柱县水磨溪湿地自然保护区生态环境保护公益诉讼案，重庆市检察院检察长亲自承办，并到石柱县政府现场送达和宣告检察建议书，提出修复整改的具体要求。

湖北省黄石市磁湖风景区生态环境保护公益诉讼案，黄石市国土局和下陆区城管局主动请求检察机关通过行政公益诉讼介入。检察建议发出后，五家行政机关召开联席会议，制定联合执法行动，存续 14 年之久的难题终被解决。

北京市海淀区网络餐饮服务第三方平台食品安全公益诉讼案，检察机关通过发挥公益诉讼职能作用，督促行政机关依法履职，有效净化了网络餐饮环境。

宁夏回族自治区中宁县校园周边食品安全公益诉讼案，检察机关通过公益诉讼诉前程序督促市场监督管理局对校园及其周边食品安全履行监督管理职责。

福建省闽侯县食用油虚假非转基因标识公益诉讼案，检察机关通过行政公益诉讼工作，督促监管部门依法履职，促成问题整改。

湖南省湘阴县虚假医药广告整治公益诉讼案，检察机关通过发挥公益诉讼监督职能，有力整治了医药用品虚假宣传，也有效防止了行政部门监管缺位现象的发生。

浙江省宁波市"骚扰电话"整治公益诉讼案，检察机关通过调查取证，及时对通信管理部门发出检察建议，对这一现象进行打击遏制，起到了良好成效。

辽宁省丹东市振兴区人民检察院诉丹东市国土资源局不依法追缴国有土地出让金行政公益诉讼案，在检察建议无效的情况下，检察机关提起行政公益诉讼，请求判令行政机关依法履职，得到了法院的支持。

江西省赣州市人民检察院诉郭某等人生产、销售硫磺熏制辣椒民事公益诉讼案，检察机关在履行公告程序后，依法向人民法院提起民事公益诉讼，要求侵权人承担侵权责任，同时主张惩罚性赔偿。法院支持了检察机关诉讼请求。

安徽省芜湖市镜湖区检察院诉李某等人跨省倾倒固体废物刑事附带民事公益诉讼案，检察机关运用刑事附带民事公益诉讼的方式，督促刑事被告人及相关公司履行治理、赔偿等义务，促进生态环境的及时修复。

一、诉前程序典型案例

重庆市石柱县水磨溪湿地自然
保护区生态环境保护公益诉讼案

⭐ 要旨

在自然保护区规划建设工业园区，对湿地生态环境造成了破坏，地方政府应根据《中华人民共和国自然保护区条例》的规定，积极履行生态环境监管职责，对造成的生态环境破坏承担修复责任。

基本案情

2009年4月7日，重庆市石柱县政府批复建立水磨溪湿地自然保护区，国家环保部将该保护区列入了《2011年全国自然保护区名录》。2011年6月2日，石柱县政府批复同意《西沱镇总体规划》，规划并开工建设西沱工业园区。监督检查中发现，工业园区一至三期规划共重叠湿地保护区面积336.285公顷，占湿地保护区总面积比例为20.85%，工业园区的建设和运营占用部分滩涂，较大程度地、不可逆转地改变了工业园区与保护区重叠区域的生态系统的结构、性质与功能，对湿地生态系统和保护区内动物有一定影响。

检察机关调查和督促履职

该案系最高人民检察院挂牌督办案件，各界普遍关注，社会影响较大。

为办理好挂牌督办案件，重庆市检察院决定提办该案，检察长亲自承办，带领专案组迅速开展调查核实工作，查清案件事实，拟定监督方案。并在检察机关作出监督意见后，亲自到石柱县政府现场送达检察建议书，公开宣告，进行释法说理，提出修复整改的具体要求。

石柱县政府按照检察建议的要求，迅速开展修复整改工作。当前，保护区内须拆除、退出的38个项目已拆除并覆土完毕37个，另1个项目已签订厂房收购协议，于2018年12月底前整体搬迁。

指导意义

保护好石柱县水磨溪湿地自然保护区生态环境，是重庆市检察机关开展"保护长江母亲河"公益诉讼专项行动的重要内容，更是保护长江经济带生态环境的具体举措。

作为重庆市检察机关参与和保障打好污染防治攻坚战的总负责人，检察长带头办案，对检察建议当场公开宣告，并进行释法说理，有利于督促行政机关依法履职、积极整改。

石柱县政府收到检察建议后积极履行环境监管和生态修复

职责，科学制定整改和修复方案，集中力量迅速推进整改修复工作。目前自然保护区生态修复工作按照整改计划有序推进，被破坏的生态环境得到有效修复，社会公共利益得以维护。该案也成为检察长带头办案，把公益诉讼做成"一把手工程"的范例。

在办案过程中，检察机关切实加强与被监督对象的沟通交流，严格跟踪落实反馈机制，有力督促被监督对象依法履行职责，并主动为相关企业提供法律服务，帮助企业搬迁及转型升级，为地方经济发展出谋划策，实现了保护生态环境、服务民营企业、保障地方经济发展的双赢多赢共赢效果。

湖北省黄石市磁湖风景区生态环境保护公益诉讼案

✪ 要旨

对于多个行政机关因职能交叉导致权限不清的执法难题，检察机关可以通过行政公益诉讼诉前建议的方式，督促相关职能部门共同努力，推动问题解决，实现多赢共赢。

▦ 基本案情

磁湖位于湖北省黄石市市区，水域面积约 10 平方公里。1997 年，磁湖风景区经省政府批准定为省级风景名胜区。2004 年，为改善和美化磁湖风景区建设，黄石市政府依法征收了位于磁湖西岸团城山公园教堂附近的 15.5 亩鱼塘和 1.6 亩菜地，并对相关人员作出了征地补偿。杭州东路社区居民张某，在未取得规划审批和用地手续的情况下，仍持续在已被征收的土地上擅自搭建建筑物，并在鱼塘中围栏投肥养殖。该违法行为一直持续到 2018 年仍未被有效制止，严重破坏了磁湖风景区的整体规划，对磁湖的水质造成了污染，破坏了磁湖水域的生态环境。

检察机关调查和督促履职

2018年5月，黄石市检察院发现该线索后，指定西塞山区检察院管辖。经调查，要拆除违法建筑和收回被占用的鱼塘涉及的行政机关众多，包括黄石市园林局、市规划局、市国土局、市水利水产局、下陆区城管局等，而且各部门之间存在着管理权限不清、多头难管的问题。

2018年5月，黄石市国土局和下陆区城管局主动与市检察院对接，请求检察机关通过行政公益诉讼介入，促成行政机关形成执法合力，彻底破解这一困扰多年的执法难题。5月中下旬，西塞山区检察院向市园林局等五家行政单位分别发出检察建议，督促其依法履职，对张某的违法行为进行处理，采取治理措施消除对磁湖和风景区的不利影响。

收到检察建议后，五家行政机关召开行政执法联席会议，制定联合执法行动。7月26日，下陆区城管局联合黄石市国土局、规划局、园林局以及水利水产局开展联合执法，经过150余名执法人员连续5个多小时的作业，存续14年之久的违法建筑和投肥养鱼用的渔网全部被依法拆除。

指导意义

自被确定为公益诉讼试点地区后，黄石检察机关不断加大对公益诉讼的推进和宣传工作，得到了市委、市政府以及其他行政机关的大力认可和支持。

行政机关在充分认识到公益诉讼的职能作用后，主动要求检察机关介入。检察机关通过公益诉讼职能作用的发挥，向五家行政机关发出诉前检察建议，促成了行政机关的联合执法，打破了持续了 14 年之久的"五龙治水"的僵局，破解了行政执法难题。

本案中，检察机关通过公益诉讼工作，不仅消除了磁湖生态环境问题的沉疴顽疾，而且让行政机关深刻地体会到，检察公益诉讼与行政执法行为在目标上是一致的，公益诉讼既是监督，也是助力，是实现行政机关、司法机关、社会公益多赢共赢的有效途径，对市政府全面开展长江大保护"碧水、绿岸、洁产、畅流"四大行动起到了积极的推动作用，赢得了人民群众的赞赏。

北京市海淀区网络餐饮服务第三方平台食品安全公益诉讼案

✦ 要旨

对于入网餐饮服务提供者违法经营、网络餐饮服务第三方平台管理制度不严格、行政机关对网络平台监管不到位等问题，检察机关可通过发挥公益诉讼诉前检察职能作用，督促行政机关依法履行监管职责，净化网络餐饮环境。

▮▮▮ 基本案情

北京市海淀区人民检察院在履职中发现，经营地位于海淀区的"百度外卖""美团""百度糯米"等网络餐饮服务第三方平台上，入网餐饮服务提供者存在违法提供网络餐饮服务的行为，主要表现在违反我国《电子商务法》相关规定，从事无许可经营行为、不具有实体经营门店、未按要求进行信息公示和更新等。同时，网络餐饮服务第三方平台提供者对上述违法行为未履行审查、监测义务，以及公示、及时更新信息义务。海淀区食品药品监督管理局对以上问题存在监管漏洞，依法履职有待加强。

⊙ 检察机关调查和督促履职

北京市海淀区检察院分别针对网络餐饮服务第三方平台提供者及入网餐饮服务提供者违法并侵害公共利益的行为，依法向海淀区食品药品监督管理局发出诉前检察建议，要求其依法履行监督职责，督促违法平台及商家尽快整改。该局收到检察建议书后，迅速组织核查处置工作，并组织开展了为期两个月的网络餐饮食品安全专项整治工作。

通过召开专题部署会、约谈网络订餐平台负责人、集中开展线上线下核查处置、对网络餐饮平台进行全面整改等方式，共下线问题商户3218家，规范各种信息公示问题5203家、立案14件（网络订餐平台未落实主体责任的违法行为5件，未按规定公示食品经营许可证7件，无证经营1件，网络超范围经营1件）。

在办案过程中，海淀区检察院与区食品药品监督管理局着眼于长效机制建设，积极推进第三方平台"阳光餐饮"进程，此外，区食品药品监督管理局针对行政公益诉讼监督出台了全市首份《北京市海淀区食品药品监督管理局人民检察院检察建议书办理办法（试行）》，确保办理程序规范化、制度化。

✦ 指导意义

"民以食为天，食以安为先。"随着我国互联网经济的迅猛发展，"互联网＋餐饮服务"等新兴业态快速增长。网络餐饮服务促进了餐饮业的发展，方便了人们的生活，但其中存在的违法行为和管理漏洞不容忽视。

在公益诉讼工作中，检察机关与行政机关目标一致，通过行政公益诉讼诉前检察建议，两者能够形成合力，共同解决群众反映强烈的社会问题。

作为"百度外卖""美团""百度糯米"等网络餐饮服务第三方平台的经营地之一，海淀区食品药品监督管理局责任重大，在收到检察机关检察建议后，其积极采取措施，下线问题商户3000余家，成效显著。海淀区检察院与区食品药品监督管理局共同建设的"阳光餐饮"第三方平台，对于切实维护全区乃至全国网络餐饮服务健康发展均具有重要意义。

宁夏回族自治区中宁县校园周边食品安全公益诉讼案

要旨

针对校园周边商店、小卖部售卖"三无"食品及相关食品卫生安全隐患等顽疾，检察机关可通过公益诉讼诉前程序督促相关行政部门履行监督管理职责，切实保障未成年人"舌尖上的安全"。

基本案情

中宁县某小学学生因购买校园周边小商店的食品而引发中毒事件引发社会关切。中宁县人民检察院在履职中发现全县40余所中、小学校附近60家商店、小卖部，不同程度存在销售超保质期、无生产日期、来源不清的食品、饮料等问题，一些商店还存在未办理食品经营许可证、部分商店经营者未办理健康证或健康证过期等情况。中宁县市场监督管理局对校园周边食品卫生安全依法具有监督管理责任。

检察机关调查和督促履职

通过实地检查、调查询问、调查取证，中宁县检察院于2018年6月向中宁县市场监督管理局发出诉前检察建议，要求该局依法履行职责，加强校园及周边食品安全监督检查力度，杜绝不符合安全标准的食品出现在校园周围及全县其他地区，及时督促未办理食品经营许可证及健康证的经营者办理相关证照，对检察院发现的问题饮料查清后依法处理。

收到检察建议后，中宁县市场监督管理局迅速行动，开展城乡结合部、学校食堂、校园周边等专项整治活动，重点对粮、油、奶制品、豆制品、饮品等进行监督检查和专项治理。先后检查食品经营单位2348户（次），检查食品加工单位292家，对卫生条件不达标的16家经营户下达责令整改通知书；查获、没收23个品种的过期、无标签标识等不合格食品1325袋153公斤；对843家餐饮单位、72所供餐学校、35所幼儿园、4659名从业人员进行了检查，下达责令整改通知书224份。对中宁检察院发现的问题饮料，中宁县市场监督管理局按照饮料包装物上标识的生产地址，查到了该饮料的生产加工点，发现该加工店负责人在未办理任何证照的情况下从事饮料生产、加工活动，且生产的产品无生产日期、保质期等标识标签，执法人员现场对已生产的问题饮料及用于制作饮料的原料、包装物进行了扣押，并将该加工点予以查封，对此加工点的负责人进行了行政处罚。

本案的办理有效督促了中宁县市场监督管理局对本县食品生产、零售、批发行业的日常监管。在检察机关的监督推动下，中宁县市场监管局对此次校园周边食品安全问题开展的专项整治，不仅注重规范食品经营单位和经营者的经营行为，还注重加强对从业者健康状况的监管、对线索问题深入摸排打击，实现了全方位整治和净化，营造了安全、可靠的校园周边食品经营环境。

指导意义

本案中，**检察机关及时回应社会关切，对青少年缺乏判断能力的校园周边食品安全问题开展有效监督，督促行政机关及时、全面依法履职，严防"三无"食品对青少年造成的健康威胁。**检察机关发出诉前检察建议所指出的问题覆盖全面、线索明确清晰，对行政机关起到了很好的监督指导作用，最终取得了全面整改、全员整顿的良好成效，真正达到了办理一案、警示一片、教育一面的办案效果。

福建省闽侯县食用油虚假非转基因标识公益诉讼案

要旨

检察机关针对调查中发现的食用油安全、偷工减料、非转基因虚假标识等问题，可通过行政公益诉讼工作，督促监管部门依法履行职责，促成问题整改。

基本案情

2018年4月，央视《每周质量报告》曝光了闽侯县域内四家食用调和油生产商存在偷工减料、非转基因虚假标识等现象。这些食用调和油生产商通过在普通植物油勾兑出的低端油中添加低价大豆油等方式降低成本，以低价油冒充高价油，并在产品标签中虚假标注原料配比、虚假标识非转基因，以转基因原料冒充非转基因原料，严重损害了社会公共利益。

检察机关调查和督促履职

央媒曝光后，闽侯县人民检察院立即深入闽侯县市场监督管理局、福州高新区市场监督管理局等部门调查了解相关情况，并监督其对涉案企业开展检查。2018年4月，针对调查中发现的食用油安全、偷工减料、非转基因虚假标识等问题，分别向闽侯县市场监督管理局、福州高新区市场监督管理局等部门发出检察建议，督促其依法履行监管职责，对涉事企业违法生产经营依法予以查处，依法采取没收涉案企业违法生产经营的食用油及违法所得、处以罚款等措施。

闽侯县市场监督管理局、福州高新区市场监督管理局迅速行动，成立专案组；对涉案产品展开调查，对涉事企业从原料采购、生产过程、购销台帐、库存产品和未使用的标签等进行全面清查；对涉案企业依法予以行政处罚，落实食品安全主体责任，督促食用油问题整改。目前，央媒曝光闽侯县内的四家涉嫌生产标签不合格食用油的生产企业现已基本整改完毕，共没收封存约 9700 瓶、召回销毁 46 箱违法生产经营的食品油，涉案金额累计 26 万余元，共处罚款 224.8 万元。

指导意义

食用油是百姓关注的重点食品类型，转基因食品更是关系民生的敏感话题，**检察机关针对调查中发现的食用油安全、偷工减料、非转基因虚假标识等问题及时监督行政机关履职是维护公共利益的应有担当**。本案是全国率先通过公益诉讼诉前程序规范转基因食品标识的案例，通过规范标识，使转基因食用油信息更透明，有助于提升市场监管质量，也保障消费者知情权、选择权。

湖南省湘阴县虚假医药广告整治公益诉讼案

★ 要旨

虚假医药广告不仅误导观众消费，更有可能导致患者错过最佳治疗时间，同时对合格正规医药制品也起到恶意竞争和排挤作用。检察机关通过发挥公益诉讼监督职能，督促负有监督管理职责的行政机关依法履职，维护社会公共利益。

基本案情

湘阴县电视台自 2017 年以来持续播放"鼻清堂""九千堂五色灵芝胶囊""百寿安益康胶囊""苗老八远红外磁疗巴布贴""腰息痛胶囊"等药品广告。该系列药品广告时长 6-12 分钟不等，在广告中变相使用国家领导人名义推荐产品，使用"当天服用，当天见效，只需 90 天，从头好到脚""同时治疗 80 多种疾病"等宣传用语，称能有效应对心脑血管疾病、糖尿病、腰椎病、风湿骨病等多种疾病，聘请了本地多位慢性腰腿病患者、前列腺炎患者、中风患者、风湿患者作代言人推荐上述药品。

检察机关调查和督促履职

湘阴县人民检察院在履职中发现，该系列药品广告的播放违反了我国法律法规关于不得在广告中使用国家领导人形象，不得以专家、患者形象作疗效证明，不得以任何节目的形式发布，单条广告时长不得超过一分钟，广告播出内容不得与审核内容不一致等禁止性规定，存在严重损害公共利益的问题。

湘阴县检察院立案审查后，分别向县食品药品工商质量监督管理局、县文体广电新闻出版局发出诉前检察建议，建议县食品药品工商质量监督管理局严格依法履行职责，责令停止发布广告，责令广告主在相应范围内消除影响，并处以罚款；对广告经营者、广告发布者没收广告费用，并处以罚款。建议县文体广电新闻出版局责令县电视台停止播放违法广告，给予警告或并处罚款。

收到检察建议后，县食品药品工商质量监督管理局、县文体广电新闻出版局立即责令湘阴县电视台停播违法广告，湘阴县电视台于2018年4月30日停止播放此类广告。县食品药品工商质量监督管理局对湘阴县电视台作出行政处罚，对广告主的行政违法行为立案查处。

⚛ 指导意义

　　虚假医药广告多存在任意扩大产品适应症范围、绝对化夸大药品疗效等情形，严重欺骗和误导消费者，轻则致使消费者财产受损，重则导致消费者延误病情，甚至危及生命安全。本案中，**检察机关通过发挥公益诉讼监督职能，督促负有监督管理职责的行政机关依法履职，有力整治了医药用品虚假宣传，**有利于防止行政部门监管缺位现象的发生，维护了人民群众尤其是农村居民和老年人的生命健康和财产安全。

浙江省宁波市"骚扰电话"整治公益诉讼案

⬤ 要旨

检察机关针对干扰人民群众工作生活的"骚扰电话"（广告推销电话），通过调查研究、多样取证等方式及时对具有监管责任的通信管理部门发出检察建议，对这一现象进行打击遏制，取得良好成效，有效维护了社会公共利益。

▥ 基本案情

电话推销因成本低，成为房产销售、金融保险等领域常用营销方式，针对不特定的手机用户强行推送各类广告，数量多，频度高，干扰了广大人民群众日常的工作和生活，已成为"骚扰电话"。2018年上半年，宁波市发生120热线被骚扰事件。截至5月下旬，120急救电话累计接到楼盘推销电话1600余个，其中最多一天接到90多个，均为"0574—2"开头的联通电话号码，严重影响宁波市急救中心的正常工作秩序。

◉ 检察机关调查和督促履职

2018年5月，宁波市海曙区人民检察院在履职中发现，广告推销电话扰民损害了不特定多数人的利益。为明确界定广告推销电话对公众的骚扰程度，海曙区检察院委托第三方机构开展问卷调查，结果显示，平均90%的受访者认为广告推销电话已成为"骚扰电话"，对居民正常生活和工作产生较大或很大影响，侵犯了公众利益，希望行政管理部门要加强约束和监管。同时，该院向海曙区400余名人大代表、政协委员发放实名调查问卷，反馈结果与公众调查结果一致。

根据《中华人民共和国电信条例》相关规定，宁波市通信管理局依法应当对宁波市电信和互联网等信息通信服务实行监管，对本区域内的广告推销电话扰民行为加以约束。但通信管理部门认为"骚扰电话"定义不明，缺乏法律处罚依据，没有积极履职。对于"骚扰电话"是否属于侵害公共利益的行为，是否属于公益诉讼的范围，海曙区检察院邀请浙江省内多位法学专家进行专题研讨和论证，一致认为"骚扰电话"对人民群众的生活环境造成了严重侵害，应当属于《行政诉讼法》规定的行政公益诉讼的范围。

为此，海曙区检察院成立专案组，进行了调查，收集了逾2000个骚扰电话号码，查清了通信运营商——营销公司——群呼平台三者之间的利益链，并于2018年7月向宁波市通信管理局发出检察建议。要求该局组织力量对当前"骚扰电话"扰民的现实情况、形成原因进行分析研究，采取有效措施加以制止，向上级主管部门和立法机构提出相应的政策建议，以改进和完善现行的电信业务管理办法。

2018 年 7 月底，宁波市通信管理局及浙江省通信管理局法规处工作人员带领三大运营商宁波分公司的负责人到海曙区检察院，就检察建议作了回复。宁波市通信管理局制定了专项整改方案，通过加强电信业务和通信资源管理、增强技术防范力量、控制"骚扰电话"传播渠道、清理骚扰性硬件，对"骚扰电话"进行整治。三大运营商宁波分公司也根据各自的业务情况采取了暂停经营性外呼业务、严控中继线业务、对无法提供安全承诺的平台停止服务等措施加以整改。2018 年 11 月，海曙区检察院再次委托第三方机构对骚扰电话治理情况进行社会调查。调查结果显示，1800 名受访者中，81.1% 的受访者表示满意，有 84.8% 的受访者表示，前阶段呈泛滥之势的 2 和 5 固定电话号段骚扰电话已基本消失，治理效果明显，治理工作亦得到了广大居民的认可。

办案过程中，海曙区检察院主动向党委和上级检察机关汇报本案工作开展情况，得到了省委书记、宁波市委书记、浙江省检察院检察长等领导的批示支持认可。《检察日报》、中央人民广播电台中国之声《新闻纵横》相关栏目对该事件进行跟踪报道。本案的办理还得到人民网、新华网等十余家国家级网络媒体、新浪、搜狐等各大综合门户网站的刊登转载，得到众多网民好评、点赞。

✵ 指导意义

针对"骚扰电话"治理是否在法律规定的检察机关提起公

益诉讼领域之内的问题，司法实务和理论界均存在不同理解。海曙区检察院通过委托第三方开展社会调查，向人大代表、政协委员实名调查等形式，广泛征求民意，以具体的数据充分反映广大人民群众的心声，有效证明了"骚扰电话"侵害社会公共利益的实质。

坚持以人民为中心，牢牢把握人民群众对美好生活的向往，立足检察职能，针对侵害不特定对象工作和生活环境的行为，积极探索开展公益诉讼工作，切实维护公共利益，符合公益诉讼的立法规定，也是检察机关的应尽职责。

在与通信管理部门沟通过程中，海曙区检察院始终强调，检察监督不是刁难挑错，而是为了共同推动解决"骚扰电话"这个难题，共同努力回应民生关切。行政机关通过积极回应检察监督，依法履职，有效保障人民权益，能够赢得人民群众的认可和支持，树立政府公信力。最终，**通信管理部门和三大基础电信运营商根据检察建议要求，积极采取整改措施，促使宁波"骚扰电话"治理取得较好成效，宁波市民满意度显著提升，充分体现了检察机关开展公益诉讼工作双赢多赢共赢的理念。**

"骚扰电话"治理是一项系统工程，要继续研究完善部门之间的配合、联动机制，通过法律监督、行政监管多管齐下，实现综合治理、案件会商等制度化、长效化，同时要在全国范围内共同推进，让全国人民群众都能尽快享受到"骚扰电话"治理成效，享有一个清朗的通讯空间。

二、诉讼程序典型案例

辽宁省丹东市振兴区人民检察院诉丹东市国土资源局不依法追缴国有土地出让金行政公益诉讼案

⭐ 要旨

对土地出让金的缴纳，应当依法依规。地方政府通过补充协议、会议纪要等方式允许土地出让金暂缓缴纳的期限不可突破国土资源主管部门有关规定。

基本案情

2005 年 7 月，丹东俊达房地产开发有限公司（以下简称"俊达公司"）以 66 万元竞得北府花园地块，2013 年 8 月，丹东市城乡规划局调整该地块规划设计条件，将总用地面积由 40.48 万平方米调整为 32.24 万平方米，规划容积率由 1.24 调整为 1.96。因调整后实际建筑面积增加，经丹东市国土资源局与俊达公司签订补充协议，约定需补缴土地出让金 2884.4 万元，2015 年 7 月 16 日，丹东市政府会议纪要明确同意俊达公司缓缴包括土地使用权出让金在内的各项费用。但直至 2018 年 1 月，俊达公司未依法缴纳出让金，丹东市国土资源局也未依法收缴。

检察机关调查和督促履职

丹东市振兴区人民检察院于 2018 年 1 月 17 日向丹东市国土资源局发出检察建议书，建议其向俊达公司追缴土地使用权出让金及违约金。国土资源局收到检察建议书后，仅向俊达公司发出了催缴通知书，并以执行市政府会议纪要为由，没有采取其他有效措施。

2018 年 11 月 7 日，振兴区人民检察院提起行政公益诉讼。庭审过程中双方争议的焦点主要在于如何理解和适用市政府会议纪要。本案的会议纪要是在补充协议约定的期限届满之后作出，丹东市国土资源局在期限届满前并未依规履职，属于违法。同时，根据国土资源主管部门有关规定，缓缴的最长期限为一年，但本案在补充协议签订后一年内，丹东市国土资源局既没有作出相应的履职行为，也没有另外与俊达公司签订变更、补充协议，针对缓缴问题作进一步约定。

人民法院经审理后，依法当庭宣判，支持了检察机关全部诉讼请求。

收到判决书后，丹东市国土资源局积极表达对检察机关行政公益诉讼的理解和支持，并表明将积极履行职责，争取早日将土地使用权出让金追缴到位。

✿ 指导意义

　　检察机关在公益诉讼工作中，对政府会议纪要的理解和适用，直接影响对行政机关是否全面正当履职的判断标准。行政机关在以政府会议纪要等地方性文件作为履职依据时，应当从依法的角度落实，在法律规定的范围内，依法、全面履行职责，在效力和层级上都不可突破国家法律法规、行业规章等的规定。

江西省赣州市人民检察院诉郭某等人
生产、销售硫磺熏制辣椒
民事公益诉讼案

★ 要旨

侵权行为对社会公共利益造成严重侵害或侵害危险的，检察机关可以在履行公告程序后，依法向人民法院提起民事公益诉讼，要求侵权人承担侵权责任，同时可主张惩罚性赔偿。

基本案情

信丰县大阿镇民主村郭某从事辣椒生意期间，采用添加剂硫磺熏制辣椒以达到防霉、耐存储的目的。2017 年 8 月 18 日，信丰县公安局、大阿工商分局在郭某家中查获 14943.8 斤辣椒，现场扣押辣椒 5780 斤，同时对剩余的 9163.8 斤辣椒采取现场查封的方式贴封条封存在郭某家中的仓库内。后郭某私自撕去封条，将封存在其仓库的 9163.8 斤辣椒销售流入市场。经信丰县食品药品检验所检验，在郭某家中提取的辣椒样品中，半干辣椒和湿辣椒中二氧化硫含量分别达到 4.40g/kg、4.65g/kg，均超过食品安全国家标准 0.2g/kg 的上限 20 多倍。

检察机关调查和提起诉讼

经调查核实，郭某将被查封在其仓库的 6862.8 斤半干辣椒和 2301 斤湿辣椒私自变卖，其将硫磺严重超标的辣椒销售给他人，足以对不特定多数人的身体健康造成重大侵害危险，损害社会公共利益。

在办理本案过程中，对案涉干辣椒是否对不特定消费者造成侵害的关键问题，赣州市检察院对公安机关、行政机关提供的已有证据"三性"存疑的情形下，积极引导侦查，制定调查提纲，先后多次直接到案发地调查，询问当事人、证人，补充完善相关证据，确保了案件基本事实、证据到位。

同时，根据本案的案件推进状况，赣州市检察院对发现的线索价值、事实认定难点、证据转化和成案情况反复研究，推敲诉讼请求、庭审预判等。此外，赣州市检察院注重多方沟通，及时请示汇报，争取上级检察机关支持；与法院密切沟通，就案件受理、检察机关的诉讼地位、诉讼请求、法律法规的理解适用等方面的问题反复磋商，达成一致意见，确保案件顺利进入诉讼程序。

赣州市检察院于 2017 年 10 月在《新法制报》上刊登公告，依法公告督促有权提起诉讼的适格主体就本案向人民法院提起民事公益诉讼，最终无社会组织提起民事公益诉讼。2018 年 6 月，赣州市人民检察院向市中级人民法院提起民事公益诉讼。诉讼请求为：1.判令被告郭某支付其所生产、销售的不符合食品安全标准的硫磺熏制食用辣椒价款 10 倍的赔偿金；2.判令被告承担现场扣押的 5780 斤硫磺熏制辣椒销毁费用，消除食品安全隐患；3.判令被告在《赣南日报》或赣州广播电视台等市级以上媒体公开向社会公众赔礼道歉。

赣州市中级法院受理后于 2018 年 9 月 14 日公开开庭审理。庭审中，双方围绕被告是否承担民事侵权责任等争议焦点展开激烈辩论。公益诉讼起诉人在法庭调查、举证质证、法庭辩论、最后陈述等环节，围绕被告侵权行为及危害性的事实认定、法律适用等方面发表意见，出示了五组证据逐项进行了举证、质证，形成完整的证据链，对争议焦点进行了充分陈述和辩论。赣州市中级人民法院最终全部支持了检察机关诉讼请求。

本案庭审中，省人大常委会内司委主任委员，部分省、市人大代表，省检察副检察长、市检察院检察长、市中级法院院长、市食品药品监督管理局人员、全省三级检察人员、媒体记者旁听，庭审全程网络直播，取得了良好的政治效果、社会效果和法律效果。

此外，检察机关在走访市场、政府的过程中，积极宣讲检察公益诉讼重大意义和具体职能，赣州市院还结合本案专门制作了一期微信，广泛宣传相关食品安全法律法规，为公益诉讼开展创造良好的舆论环境。

✳ 指导意义

侵权责任法、食品安全法和消费者权益保护法都对消费者个人的惩罚性赔偿诉讼请求作出明确规定，但对公益诉讼中，起诉主体是否可以提出惩罚性赔偿诉讼请求没有明确。

惩罚性赔偿有利于提高违法者的违法成本，减少其再违法犯罪的机会，也能对其他的违法者起到警示作用。赣州市检察院深入研究公益诉讼职能，在引导办案、固定证据、多方协调方面做出大量努力和尝试，注重做好前期工作，克服多重阻力困难，最终使各方争议达成一致，取得案件的胜诉结果，为当地公益诉讼工作打开了局面。

安徽省芜湖市镜湖区检察院诉李某等人跨省倾倒固体废物刑事附带民事公益诉讼案

★ 要旨

检察机关在依法严惩污染环境犯罪的同时，可以运用刑事附带民事公益诉讼的方式，督促刑事被告人及相关侵权行为人履行治理、赔偿等义务，促进生态环境的及时修复。

基本案情

2017 年 1 月，李某在无固体废物处置资质的情况下，成立某环保服务公司，与黄某、张某等人共同实施工业污泥的跨省非法转移和处置。2017 年 10 月中下旬，李某从江苏、浙江等 9 家企业收集工业污泥共计 2500 余吨，黄某通过联系运输船主高某、沈某、张某，先后两次将污泥运至安徽铜陵长江边，吴某、林某、朱某、查某联系浮吊老板潘某，将污泥直接倾倒于铜陵市江滨村江滩边，造成长江生态环境严重污染。经鉴定，倾倒的污泥等固体废物中含有重金属、石油溶剂等有毒、有害物质，倾倒区域的地表水、土壤和地下水环境介质均受到了不同程度的损害，造成包括应急监测、应急清运和应急处置等公私财产损失共计 790 余万元，生态环境修复费用约 310 余万元。

此外，被告人李某、黄某、张某等人还涉嫌非法倾倒4410余吨工业污泥未遂。

检察机关调查和提起诉讼

案件发生后，检察机关提前介入此案，完善固定了长江生态环境受污染、破坏的证据。同时引导公安机关调查取证，有力证实了涉案企业主观上存在过错，客观上存在违法违规的行为。

2018年7月16日，芜湖市镜湖区检察院以被告人李某等12人犯污染环境罪向法院提起公诉，同时对上述被告人及9家源头企业提起了刑事附带民事公益诉讼，要求其共同赔偿因非法倾倒污泥造成环境污染所产生的应急处置、环境损害修复、鉴定评估费用等各项赔偿共计人民币1302万余元。

2018年10月15日，芜湖市镜湖区法院作出一审判决：以污染环境罪判处各被告人有期徒刑六年至一年零六个月，并处罚金人民币20万元至1万元不等。判处涉案9家源头企业与各被告人在各自非法处置污泥的数量范围内承担相应的环境侵权损害赔偿责任，并在省级媒体上向社会公开赔礼道歉。目前，涉案9家企业赔偿金1302万元已经全部支付到位。

指导意义

加强长江流域生态环境保护，是检察机关依法全面履行法律监督职能的必然要求，也是检察工作服务和保障打赢污染防

治攻坚战的重要内容。

当前长江沿线破坏生态环境类型多样，跨省市倾倒固体废物案件时有发生，行为手段隐蔽，危害后果严重。在长江流域生态环境保护中，通过**刑事附带民事公益诉讼的提起，综合发挥刑事、民事、行政检察和公益诉讼多元职能作用**，既依法严惩危害长江生态环境犯罪，又充分履行了公益诉讼职能，加强了长江生态环境公益保护，**同时通过责令涉事企业和个人承担环境损害赔偿金，为生态修复提供了保障**。通过办案实现了惩治犯罪与修复生态、纠正违法与源头治理、维护公益与促进发展相统一。

延伸阅读

问：公益诉讼工作全面推开后，各地办案呈现出哪些与试点期间不同的特点？

答：与试点期间相比，各地办案情况出现了一些新的特点：

一是办案数量持续快速增长。2018 年 1 至 6 月共立案 22343 件，办理诉前程序案件 18359 件；三季度立案 32345 件、诉前 27662 件，是前 6 个月的 1.45 倍和 1.5 倍；10 月立案 16154 件、诉前 13690 件，11 月立案 18681 件、诉前 18737 件，环比分别增长 13.53%、26.94%。

二是食品药品领域案件量增幅较大。2018 年 1 至 11 月，共立案食品药品领域公益案件 29916 件，从试点期间占比不到

1%，增长到占 33.42%。

三是刑事附带民事公益诉讼案件占比较高。2018 年 1 至 11 月起诉案件中，刑事附带民事公益诉讼 1954 件，占 76.33%。

四是行政公益诉讼诉前整改比例大幅度提高，从试点期间的 80% 左右跃升至 94.42%。

问：检察机关除了常见的四大类型公益诉讼案件外，是否会延伸到其他类型的案件？

答：对民事诉讼法、行政诉讼法规定的检察公益诉讼案件范围，即生态环境和资源保护、食品药品安全、国有财产保护、国有土地使用权出让等领域，检察机关坚持作"等"内的理解和掌握。对于个别等内等外理解有分歧，但又严重侵害公益、群众反映强烈、普通诉讼又缺乏适格主体的情况，一些地方检察机关在当地党委、人大、政府和法院等的支持下，进行了审慎而又积极的探索。

一是用足用活现有法律制度，对于领域外侵害公益的民事案件，检察机关采取支持起诉的方式参与诉讼，积累办案经验。

二是对于中央政策有明确要求的领域，加强与相关部门的沟通协调，开展探索实践。如《中共中央、国务院关于推进安全生产领域改革发展的意见》提出"研究建立安全生产民事和行政公益诉讼制度"。中央深改委审议通过的设立互联网法院的方案明确规定，互联网法院可以受理"检察机关提起的互联网公益诉讼案件"。这些都给检察机关进行探索提供了政策指引。

三是对于其他领域侵害公益的突出问题，检察机关在做足做实相关工作后，也开展了探索。如宁波海曙区检察院对骚扰电话严重影响公众正常生活，甚至影响急救电话等特种服务电话的情况，采取向市民发放调查问卷确定公益受损情况、对骚扰电话背后利益链进行调查取证、确认行政机关具有监管职责和监管手段、征求专家学者意见、向市委市人大专题报告等多种方式做足做实相关工作后，向通信管理部门发出检察建议，督促其依法履行监管职责。此后，再次向公众发出调查问卷，有 84.8% 的受访者表示骚扰电话明显减少，取得了良好的社会效果。

涉民营企业司法保护典型案例

检察办案理念

四个典型案例彰显检察机关对所有经济主体一视同仁、平等保护的司法理念；以案说法，引导民营企业合法经营规范发展；提炼要旨，明确办理涉民营企业案件的法律政策界限；发挥检察建议作用，增强法律监督的社会效果；立足检察职能，营造促进民营企业健康发展的良好法治环境。

检察职能体现

本次发布的典型案例以民营企业司法保护为重点，既体现检察机关保护民营企业的"检察"特色，又较好发挥案例本身的指导意义。四个典型案例都是检察机关近期刚刚办理的案件，也是司法实践中涉民营企业常见多发的案件。

黄某、段某职务侵占案中，检察机关通过惩治企业从业人员职务侵占犯罪，切实维护民营企业的合法权益和正常生产经营活动。在依法惩处侵害企业权益犯罪的同时，帮助民营企业挽回经济损失。该案中，检察机关对办案发现的受害民营企业管理制度中的漏洞提出了检察建议，在帮助民营企业堵塞漏

洞、抵御风险、化解隐患、提高安全防范能力等方面具有示范效应。

上海 A 国际贸易有限公司、刘某拒不支付劳动报酬案中，检察机关优先保护被欠薪劳动者的合法权益，与地方劳动人事争议仲裁委员会、人力资源和社会保障部门配合，保障了仲裁裁决和行政执法决定落实到位，为劳动者全额追讨了欠薪。同时，在对欠薪的民营企业经营者进行法制教育，促使其真诚认罪悔罪、知错改正的情况下，准确把握宽严相济刑事政策，依法作出从宽处理。

吴某、黄某、廖某虚开增值税专用发票案中，检察机关为了避免因羁押相关民营企业负责人而使涉案企业失管失控，经综合评估，对已经逮捕的两名从犯黄某、廖某变更强制措施为取保候审。在取保候审之后，检察机关通过对黄某、廖某进行法制教育，一方面敦促其继续工作，维护公司的正常经营，另一方面促使其补缴税款。既正确适用了强制措施，保证了依法惩治犯罪，又避免了因企业负责人被羁押而给企业经营带来的困难。

江苏 A 建设有限公司等七家公司及其经营者虚开发票系列案中，检察机关充分考虑涉案企业在经营活动中的上下游地位，依法区别对待。鉴于 A 建设有限公司等七家公司及其经营者虽然实施了刑法规定的虚开发票行为，但在犯罪中处于从属地位，属于应上游企业要求实施共同犯罪。经过教育，七家公司积极退赃退赔、认罪认罚，检察机关依法作出从宽处理，帮助民营企业恢复正常生产经营活动，维护企业员工就业和正常生活。同时，检察机关办理涉民营企业经济犯罪案件，注意保护和促进市场经济秩序良性发展。对于严重破坏合法、健康的市场经济秩序，破坏公开、公平、公正的市场竞争秩序的陈某及其经营的三家上游公司以虚开发票罪依法提起公诉，追究刑事责任，为其他守法经营、依法纳税的民营企业创造合法经营、公平竞争、健康发展的市场环境。

黄某、段某职务侵占案
——查办企业从业人员职务侵占犯罪，依法保护民营企业财产权

▊▊▊ 基本案情

黄某系福建省 A 鞋业有限公司（以下简称"A公司"）原副总经理，段某系 A 公司原采购部经理，二人因涉嫌职务侵占罪于 2018 年 1 月 6 日被泉州市公安局丰泽分局刑事拘留，同年 2 月 2 日被变更强制措施取保候审。

2017 年 6 月，A 公司受 B 鞋服有限公司（以下简称"B公司"）委托，由 B 公司提供制鞋原料猪巴革加工生产一批鞋子。加工完成后，剩余部分原料猪巴革。黄某伙同段某，以退还 B 公司的名义，制作虚构的《物品出厂放行单》，将剩余原料中的 1 万余尺猪巴革运至晋江市 C 鞋材贸易有限公司（以下简称"C公司"）寄存，7000 余尺退还 B 公司。2017 年 12 月，B 公司与 A 公司再次签订一份鞋业加工合同，双方约定原材料由 A 公司自行采购。黄某伙同段某借用供料商的名义将寄存于 C 公司的猪巴革返卖给 A 公司，获得赃款 6.7 万元。后该笔赃款被黄某占有，段某未分得赃款。A 公司法定代表人朱某于 2018 年 1 月 6 日向福建省泉州市公安局丰泽分局报案。

泉州市公安局丰泽分局于 2018 年 5 月 22 日将黄某、段某

以职务侵占罪向泉州市丰泽区人民检察院移送审查起诉。其间经检察机关两次退回补充侦查，查清了黄某、段某二人侵占 A 公司猪巴革原料事实及数量。

检察机关处理意见

本案办理过程中，一种观点认为黄某等人侵占的猪巴革，系 B 公司提供的加工原料，不属于 A 公司所有，不符合职务侵占罪"本单位财物"的构成要件。另一种观点认为，A 公司因与 B 公司的合同关系对猪巴革实施管理、加工，黄某等人侵占该批猪巴革将导致 A 公司对 B 公司退赔相应价款，实质上仍然侵犯了 A 公司财产权，构成职务侵占罪。

泉州市丰泽区人民检察院经研究认为，职务侵占罪"本单位财物"包括单位管理、使用中的财物，被告人黄某、段某，身为公司工作人员，利用职务上的便利，将 A 公司管理的财物非法占为己有，侵害了 A 公司的合法权益，数额较大，应当以职务侵占罪追究其刑事责任。黄某、段某归案后能如实供述自己的罪行，向公司全额退还违法所得，依法适用认罪认罚从宽制度，于 2018 年 10 月 9 日以职务侵占罪对黄某、段某提起公诉。

泉州市丰泽区人民法院于 2018 年 11 月 15 日作出一审判决，采纳了检察机关的量刑建议，以黄某犯职务侵占罪，判处拘役六个月，缓刑一年，以段某犯职务侵占罪，判处拘役五个月，缓刑六个月。

泉州市丰泽区人民检察院对办案发现的 A 公司仓库和人员管理制度漏洞提出了检察建议，A 公司收到检察建议后十分重视，目前已按建议制定了新的仓库出入库管理制度，财务部、采购部运作制度，定期检查和月报制度，并且定期邀请法律人士给公司管理人员上课，警钟长鸣，杜绝相关案件的再次发生。

⚛ 指导意义

1. 实践中，对职务侵占罪"本单位财物"的认定一直以来存在是单位"所有"还是"持有"的争议。从侵害法益看，无论侵占本单位"所有"还是"持有"财物，实质上均侵犯了单位财产权，对其主客观行为特征和社会危害性程度均可作统一评价。参照刑法第九十一条第二款对"公共财产"的规定，**对非公有制公司、企业管理、使用、运输中的财物应当以本单位财物论，对职务侵占罪和贪污罪掌握一致的追诉原则，**以有力震慑职务侵占行为，对不同所有制企业财产权平等保护，切实维护民营企业正常生产经营活动。

2. **在依法惩处侵害企业权益犯罪的同时，应当重视企业退赔需求，**核实退赔落实情况，帮助民营企业挽回经济损失。

3. **要注重发挥检察建议的功能作用，**促进民营企业加强防范、抵御风险、化解隐患，帮助民营企业提高安全防范能力。

上海 A 国际贸易有限公司、刘某拒不支付劳动报酬案

——在办案中坚持依法保护劳动者合法权益与促进民营企业守法经营有机结合

基本案情

涉案单位上海 A 国际贸易有限公司（以下简称为"A公司"），刘某系 A 公司股东和实际控制人，因涉嫌拒不支付劳动报酬罪，于 2018 年 3 月 12 日被上海市公安局杨浦分局刑事拘留，同年 3 月 14 日被变更强制措施取保候审。

A 公司是一家经营跨境零售业务的民营企业。2016 年 12 月至 2017 年 3 月间，A 公司拖欠员工工资。经公司注册地上海市宝山区劳动人事争议仲裁委员会仲裁，A 公司应当支付 12 名员工劳动报酬共计人民币 20 余万元，刘某拒不执行仲裁决定。公司实际经营地杨浦区人力资源和社会保障局发布"行政执法公告"责令支付，刘某在指定期限内仍不支付。刘某被公安机关刑事拘留后，其委托代理律师将拖欠的劳动报酬全额支付给 12 名员工。

2018 年 5 月 29 日和 8 月 7 日，上海市公安局杨浦分局分别将刘某和 A 公司以涉嫌拒不支付劳动报酬罪移送上海市杨浦区人民检察院审查起诉。其间，两案并案处理。

杨浦区人民检察院审查发现，A公司另有经劳动仲裁仍拒不向员工支付30万元欠薪的事实。检察机关对刘某严肃批评教育，使其认识到按时足额支付员工工资的法定义务，以及拒不支付劳动报酬的法律后果，并向其阐明了对主动缴付欠薪可以减轻或者免除刑事处罚的法律规定。刘某于11月23日将30万元欠薪交到检察院账户，杨浦区人民检察院于11月26日发还给被欠薪员工。

检察机关处理意见

杨浦区人民检察院审查认为，A公司、刘某在提起公诉前支付劳动者的劳动报酬，根据刑法第二百七十六条之一第三款的规定，可以免除刑事处罚。2018年11月29日，杨浦区人民检察院依据刑事诉讼法第一百七十七条第二款的规定，决定对A公司、刘某不起诉。

指导意义

1.检察机关办理涉民营企业拒不支付劳动报酬案件，要积极作为，配合人力资源社会保障部门追讨欠薪，依法保护劳动者的合法权益。杨浦区检察院与劳动人事争议仲裁委员会、人力资源和社会保障部门积极配合，保障了仲裁裁决和行政执法决定落实到位，为劳动者全额追讨欠薪，取得了良好的社会效果。

2.要准确把握宽严相济刑事政策的要求，切实考虑被欠薪劳动者的切身利益。**对于多次欠薪、被行政处罚后仍然欠薪，影响恶劣的企业及其负责人，应当依法追究刑事责任。对于真诚认罪悔罪、知错改正，在提起公诉前支付劳动报酬，危害后果减轻或者消除，被损坏的法律关系修复的，依法从宽处理。**在办案中，既要努力维护劳动者的合法权益，又要尽可能维护民营企业正常生产经营活动。

3.**民营企业经营者要依法承担企业责任，履行按时足额支付劳动报酬的法定义务。**员工是企业的财富，法律是经营的底线，唯有守法经营、关心关爱企业员工，才能保证企业的长远健康发展。

吴某、黄某、廖某虚开增值税专用发票案

——依法及时变更强制措施，帮助民营企业恢复生产经营

▌基本案情

被告人吴某系广州市 A 机械设备有限公司（以下简称"A 公司"）法定代表人，被告人黄某、廖某系 A 公司股东，三人另系 B 机械设备有限公司（以下简称"B 公司"）实际控制人。因涉嫌虚开增值税专用发票罪，三人在侦查阶段均被采取逮捕措施。

2011 年至 2016 年期间，被告人吴某伙同黄某、廖某经过密谋，在没有货物实际交易的情况下，由吴某联系并指使张某等人（均另案处理），为 A 公司虚开广州 C 贸易有限公司等 17 家公司的增值税专用发票用于抵扣税款，获取的不当利益用于 A 公司的日常运营以及被告人吴某、黄某、廖某三个股东的利润分配。经鉴定，A 公司接受上述 17 家公司虚开的增值税专用发票 271 张，金额人民币 1977 万余元，税额人民币 336 万余元，价税合计人民币 2314 万余元。案发后，吴某作为 A 公司负责人自动投案，如实交代犯罪事实，黄某、廖某到案后如实交代自己知道的犯罪事实。

广州市公安局越秀区分局于 2017 年 12 月 18 日将黄某、

廖某，于 2018 年 1 月 10 日将吴某，均以涉嫌虚开增值税专用发票罪移送广州市越秀区人民检察院审查起诉。

检察机关处理意见

在审查起诉阶段，广州市越秀区人民检察院收到 B 公司员工的申请书，申请对吴某等三人取保候审，以利于维持公司正常经营。收到申请后，经对案件事实进行细致审查，并向该公司多名员工核实，查明 B 公司确实存在因负责人被羁押企业失治失控的状况，为让企业恢复正常经营，稳定员工情绪，经综合评估，广州市越秀区检察院决定对已经逮捕的两名从犯黄某、廖某变更为取保候审。

在取保候审之后，越秀区检察院通过对黄某、廖某进行法制教育，一方面敦促其继续开展工作，维护公司的正常经营，另一方面，敦促其多方面筹集资金补缴税款，以挽回国家的经济损失。最终，黄某、廖某向税务机关全额补缴了税款。经到 B 公司实地考察，该企业恢复了正常经营，员工普遍反映良好。

2018 年 6 月 14 日，广州市越秀区人民检察院以虚开增值税专用发票罪向越秀区人民法院依法提起公诉，鉴于吴某、黄某、廖某三人有自首、坦白、案发后积极补缴税款、认罪认罚等情节，提出了从宽处理的量刑建议。

⚛ 指导意义

1.对涉嫌犯罪的民营企业经营者，**应当依法准确适用强制措施。批准或者决定逮捕，应当将犯罪嫌疑人涉嫌犯罪的性质、情节、后果、认罪态度等情况，作综合考虑**；对于涉嫌经济犯罪的民营企业经营者，认罪认罚、真诚悔过、积极退赃退赔、挽回损失，取保候审不致影响诉讼正常进行的，一般不采取逮捕措施；对已经批准逮捕的，应当依法履行羁押必要性审查职责，对有固定职业、住所，不需要继续羁押的，应当及时建议公安机关予以释放或者变更强制措施；对确有羁押必要的，要考虑维持企业生产经营需要，在生产经营决策等方面提供必要的便利和支持。

2.**办理涉民营企业案件要全面综合考虑办案效果**，既要保证依法惩治犯罪，尽可能地挽回国家损失，又要积极采取措施，帮助企业恢复生产经营，做到法律效果和社会效果的有机统一。

江苏 A 建设有限公司等七家公司及其经营者虚开发票系列案

——对处于从属地位，被动实施共同犯罪的民营企业，依法从宽处理

基本案情

涉案单位江苏 A 建设有限公司（以下简称"A 公司"）等 7 家公司均为民营企业，经营建筑工程相关业务。许某等 7 人分别是以上 7 家公司负责人，分别于 2018 年 4 月 25 日至 5 月 2 日被取保候审。

2011 年至 2015 年，陈某在经营昆山 B 置地有限公司、昆山 C 房地产开发有限公司、昆山市 D 房产开发有限公司（陈某及以上 3 家公司另案处理）期间，在开发"某花园"等房地产项目过程中，为虚增建筑成本，偷逃土地增值税、企业所得税，在无真实经营业务的情况下，以支付 6-11% 开票费的方式，要求 A 公司等 7 家工程承揽企业为其虚开建筑业统一发票、增值税普通发票，虚开金额共计 3 亿余元。应陈某要求，为顺利完成房地产工程建设、方便结算工程款，A 公司等 7 家企业先后在承建"某花园"等房地产工程过程中为陈某虚开发票，使用陈某支付的开票费缴纳全部税款及支付相关费用。许某等 7 人在公安机关立案前投案自首，主动上缴违法所得、缴纳

罚款。

江苏省苏州市公安局直属分局 2018 年 4 月 20 日以涉嫌虚开发票罪对 A 公司等 7 家涉案公司立案侦查，5 月 23 日分别向昆山市人民检察院移送审查起诉。

检察机关处理意见

昆山市人民检察院经审查认为，A 公司等 7 家公司及许某等 7 人实施了刑法第二百零五条之一规定的虚开发票行为，具有自首、坦白等法定从轻或减轻处罚情节，没有在虚开发票过程中偷逃税款，案发后均积极上缴违法所得、缴纳罚款，在犯罪中处于从属地位，系陈某利用项目发包、资金结算形成的优势地位要求其实施共同犯罪，具有被动性。

依据刑事诉讼法第一百七十七条第二款规定，昆山市人民检察院于 2018 年 12 月 19 日对 A 公司等 7 家公司及许某等 7 人作出不起诉决定。同时，对陈某及其经营的 3 家公司以虚开发票罪依法提起公诉。

指导意义

1. 对于在经济犯罪活动中处于不同地位的民营企业经营者，要依法区别对待，充分考虑企业在上下游经营活动中的地位。**对在共同犯罪中处于从属地位，主观恶性不大，自首、坦白，积极退赃退赔、认罪认罚的，应当依法从宽处理，促进民**

营企业恢复正常生产经营活动，维护企业员工就业和正常生活。**对于在共同犯罪中，主观恶性较大、情节严重、采取非法手段牟取非法利益的主犯，应当依法追究刑事责任。**

2. 检察机关办理涉民营企业经济犯罪案件，**要注意保护和促进市场经济秩序良性发展。**对于偷逃税款、虚开发票等严重破坏合法、健康的市场经济秩序，破坏公开、公平、公正的市场竞争秩序的犯罪行为，应当依法追究刑事责任，维护合法经营、公平竞争的市场环境。

延伸阅读

问：最高人民检察院专门就涉民营企业司法保护发布一批典型案例，主要考虑是什么？

答：2018 年 11 月 1 日，习近平总书记在民营企业座谈会上发表重要讲话，充分肯定民营经济的重要地位和作用，强调民营经济是社会主义市场经济发展的重要成果，是推动社会主义市场经济发展的重要力量，深入分析了民营经济发展遇到的困难和问题，明确提出支持民营企业发展壮大的政策举措，要求对一些民营企业历史上曾有过的一些不规范行为，要以发展的眼光看问题，按照罪刑法定、疑罪从无的原则处理，让企业家卸下思想包袱，轻装前行。

近年来，最高人民检察院对服务和保障民营企业发展高度重视，坚持把服务和保障非公有制经济健康发展作为服务大局的重要内容，先后制定实施了《关于充分发挥检察职能依法保障和促进非公有制经济健康发展的意见》《关于充分履行检察职能加强产权司法保护的意见》《关于充分发挥职能作用营造保护企业家合法权益的法治环境支持企业家创新创业的通知》等文件。2018年11月，最高人民检察院又在这些文件的基础上，作出了《充分发挥检察职能为民营企业发展提供司法保障——检察机关办理涉民营企业案件有关法律政策问题解答》，以进一步统一、规范涉民营企业案件的执法司法标准。

当前，最高人民检察院要求全国检察机关要站在坚持基本经济制度、促进高质量发展、牢牢把握"三个没有变"的要求，依法、审慎、稳妥办理涉民营企业案件，积极履职尽责，为民营经济提供有力法治保障和优质法律服务，切实保护好民营企业及经营者合法权益。

为认真贯彻习近平总书记重要讲话精神和中央决策部署，落实中央政法委关于为民营企业健康发展提供法治保障和服务的具体要求，张军检察长强调"要集中办理、总结一批侵害民营企业经济发展的案件"。典型案例，形象生动，既能体现办案理念，又能反映办案过程；既能展现如何正确适用法律，又能展示办案的具体工作策略。为充分发挥典型案例的指导、引领和示范作用，为各级检察院保护民营企业合法权益、服务和保障非公有制经济健康发展提供参考和指引，最高人民检察院从全国各地办理的案例中，选出四个涉民营企业司法案例对外发布。